U0452376

父母都是哲学家

ALL PARENTS ARE PHILOSOPHERS

田学英 ◎著

人民东方出版传媒
People's Oriental Publishing & Media
东方出版社
The Oriental Press

图书在版编目（CIP）数据

父母都是哲学家 / 田学英著. —北京：东方出版社，2023.2
ISBN 978-7-5207-3068-6

Ⅰ.①父… Ⅱ.①田… Ⅲ.①家庭教育 Ⅳ.①G78

中国版本图书馆CIP数据核字（2022）第219874号

父母都是哲学家
（FUMU DOU SHI ZHEXUEJIA）

作　　者：	田学英
策划编辑：	鲁艳芳
责任编辑：	金　琪
出　　版：	东方出版社
发　　行：	人民东方出版传媒有限公司
地　　址：	北京市东城区朝阳门内大街166号
邮政编码：	100010
印　　刷：	北京文昌阁彩色印刷有限责任公司
版　　次：	2023年2月第1版
印　　次：	2023年2月北京第1次印刷
开　　本：	880毫米×1230毫米　1/32
印　　张：	9.125
字　　数：	155千字
书　　号：	ISBN 978-7-5207-3068-6
定　　价：	56.00元
发行电话：	（010）85924663　85924644　85924641

版权所有，违者必究

如有印装质量问题，我社负责调换，请拨打电话：（010）85924725

目录

序　言 001

第 1 章　孩子的心

1. 归属 002
2. 本能 011
3. 自我 026
4. 深情 036
5. 生命 046
6. 唤醒 055
7. 美好 064
8. 秘密 072
9. 羞耻 082
10. 善意 093
11. 勇敢 108
12. 关系 115

第2章 父母的爱

1. 平凡 130
2. 宠爱 137
3. 守护 157
4. 接纳 167
5. 较劲 181
6. 看见 187
7. 承接 196
8. 目光 207
9. 自由 216
10. 边界 222
11. 喜悦 249
12. 乐趣 264

主要参考文献 275

序 言

一

哲学，听起来好像是哲学家们才去研究的问题，似乎离我们普通人很远。

其实并非如此。我们每个普通人也总会在这样那样的时刻，会去思考诸如"人生的意义是什么""世界是什么样的""我是谁""我是有价值的吗"之类的问题。这些问题，其实就是哲学家们思考和探索的最基本的问题。

人们在物质匮乏的时候，会把精力和时间尽量用于创造切实可见的物质财富上，他们可能无暇思考这些看似形而上、看似无用的问题。但是，当物质生活得到了基本满足之后，人们就必然会去思考这些近于哲学的问题：人为什么活着？世界和未来是什么样的？我能为世界创造什么价值？

这是安身立命之课题。

从某种意义上说，对这些问题的思考、探索和解答，会进一步解放人，释放人的动力和潜能。这些哲学问题，会成为非常大的生产力。

二

现在的孩子生长在物质比较富裕的时代,他们生活不愁,衣食无忧。但同时,他们身上也背负着太多的压力。在这样的条件下,孩子必然会在某个时刻对自身以及当下的生活进行追问和反思:生活何以如此?生活是否永将如此?我是什么样的?我将去往哪里?我的价值在哪里?孩子有可能用语言表达出他们的疑惑和困扰,但更有可能是用他们的行为甚至是问题行为进行表达。

孩子的反思和追问,并不必然需要一个完全确切的答案和回复。他们真正需要的,是什么?

孩子真正需要的,是有人愿意去听、愿意去了解他正在思考的问题,有人愿意郑重地对待那些看似不切实际的问题。

他希望,他身边最亲近的父母能够像朋友一样,和他聊聊宇宙和星辰,聊聊世界和人生,聊聊生活和社会。他希望父母能够懂他,至少愿意去懂。

他想确认,他并不孤单,也不古怪。他所想的那些问题和心事,都值得被好好对待。他所发出的讯息,不管是喜悦的、困惑的还是惆怅的,都值得被好好倾听,都值得被认真回应。

序　言

如果孩子在遇到困惑和烦恼的时候，如果孩子在有着这样那样问题和心事的时候，他有一个出口可以去说一说，而父母正好也能够接住孩子的困扰和问题，那么，即使父母并不能真正地为孩子解决实际问题，孩子也会因为父母的真诚和回应而得到抚慰。他会感到在茫茫的宇宙和人海当中不再孤单，他会感到温暖的陪伴。

从这个意义上说，作为父母的我们就不能仅仅只关注孩子的学习。我们必须把目光投向外面的世界，对世界产生好奇和兴趣，愿意知晓其逻辑，愿意欣赏其魅力；我们必须关注孩子的内在精神世界，愿意了解孩子的困惑，愿意听听孩子的需要，愿意让孩子感受这世界最初的温柔。

三

孩子是天生的贵族、艺术家、哲学家和研究者，他们具有天然的优雅以及思考和追问的品质。孩子对于生活非常注重秩序和美感，他们非常讲究生活的品味、满足和个人感受。他们如此诗意而优雅的生活，以至于我们这些早已被世俗同化的成人已经无法追随、无法欣赏、无法理解。

孩子天然地对生活和世界、对人性和自我有着敏锐而细致的观察和思考。基于此,他们可能会提出一些看起来形而上的、与现实利益关系不大的问题,比如,"人性是怎样的""我何以是现在的我"等。这非常难得,也是非常宝贵的。发问和思考正是一切学习的起源,而能将目光投向自身进行反思更是弥足珍贵。作为父母和教师,我们大多数人已经在世俗生活中遗落了这种宝贵的反思品质。但是,在面对孩子发问的时候,我们千万不能因为自己不懂而奚落、嘲笑和打击孩子。

我们不能对孩子说,"不好好学习,天天想什么呢""别想那些没用的,学习要紧"。父母所说的学习,指的是学习学校指定的教材和知识。在传统上,学校会根据教育大纲的范围进行考试。根据一般的认知,人们可能会这样推理:既然考试的范围和知识点是明确的,那么学生将大部分的时间和精力用在学习教材和考纲上,将会获取最大的收益。但这只是表面的逻辑。

实际上,个体成长与学习的底层逻辑并非如此一目了然,并非如此简单。教材上的知识只是世界的一部分。这个世界上的事物无限广阔,具有丰富的维度,并且充满联系。一个孩子对无限丰富和广阔的世界感兴趣,就会在心里对世界有一个基本的认知。随着兴趣的不断扩展,他对世界的认识越来越深厚，进而形成基本的框架和联系。在这个基础上，他再去学习课本上的知识，那些知识就会被置于一个大的框架中相应的位置上，就会更容易理解，更容易迁移，也更容易进行创造。

所以，孩子面对大千世界的发问和思考，不是与学习无关或冲突的事，这恰恰是一切学习的起源，恰恰是他喜欢学习的体现。

学习的主体是人，是善于发问和思考的人。我们不能只是把孩子当成做题的机器和工具。埋头做题而不会思考的人，怎么可能会取得优异的成绩？怎么可能有效地解决遇到的问题？

从长远和整体来看，教育越来越指向真正的人本身，指向德智体美劳全面发展的人，指向有情感、有理性的丰富饱满的人。只有当作为生活和学习主体的孩子被看到，被看到的孩子进而看到世界，只有孩子和世界发生真正的有意义的联系，学习才会真正发生。这样的学习是自然的，也是孩子们与生俱来的内心的渴求。

除了需要掌握客观的专业知识外，那些关于自我、关系和爱的课题在某种意义上更加重要。一个孩子被爱着，在关系中受到滋养，形成了好的自我，他就得到了好的开始，就可以乘风破浪，逐梦远航。而只有爱反思、会学习的父母，才能成为真正的育儿哲学家，才能潜移默化地引导和影响孩子。

四

每一位父母都有关于世界、关于生活、关于孩子的认知和见解。这些认知和见解就是深藏于我们内心的世界观、人生观和教育观，这形成了我们底层的基本哲学。这些底层哲学虽未诉诸语言和文字，却在无形当中极大地影响着我们——小到我们的言语和行为，大到我们的人生方向和命运轨迹。

每位父母，因为对育儿的认知千差万别，因而如同哲学家一样，对育儿有着不同的观点。父母在育儿过程中也总在思考和追问，试图为许多问题和困惑找到一个明确的答案。其实，纵使时代有了非常大的变化，那些最基本、最根本的育儿理念总是关乎人性的，关乎人类内心最柔软也最坚强的部分，关乎怜悯、善良、正直和坚韧。父母也许不知道这样那样的育儿理念，但他们有着与生俱来对孩子本能的爱。即使是刚晋级的新手父母，因为这种爱也能和小婴儿很好地沟通。一位新手妈妈说："在儿子大概100天左右,小婴儿的时候,半夜他哼唧哼唧地哭了,我一听到他哭就马上醒了,起来打开灯,解开尿不湿,原来他拉臭臭了,马上打水,清洗干净,把尿不湿换了。正在埋头清理时,我突然听到他努力地发出'嗨'的一声,看向他的脸,他正看着我对着我笑呢。我觉得非常神奇,他那时候3个月左右完全不会说话,却努力地叫我并对我笑。"

如果说沟通困难,还有什么比新手父母和一个刚刚出生的、行为和表达能力很有限的小婴儿沟通更困难的?当宝宝半夜哼唧哭闹的时候,其实是很令父母崩溃的。但父母和孩子之间天然的爱,让父母能够敏锐地捕捉孩子的需求,即刻满足,孩子报以愉悦的笑。此刻,亲子之间的心疼和爱怜超越了所有育儿理念。在之后不管是幼儿期还是青春期,父母和孩子之间的相处免不了都会有这些时刻:看起来无法沟通,令人崩溃。但只要父母愿意理解,愿意担当,愿意忍耐,任何问题都可以得到比较好的解决。

我的父母,他们没有多少文化。关于这个宏大世界里的诸多概念、逻辑、知识和意义,他们知之甚少。但他们有着天然的最为质朴的爱。孩子的考试成绩出来了,他们会说,就算孩子考得不好,也不要批评,孩子自己心里本来就难受，大人再去说，他们不是更难受了吗？考得不好，孩子自己心里也知道，他们会努力的。我妈平时和我聊天的时候，会交代我说，宝宝要什么，你就给她买，花不了多少钱；不要总说孩子，她也要面子的。当我在生活中遇到挫折，父母总是会鼓励：没关系，慢慢来，凡事都有两面，有时候挫折也有我们可以学习的地方。我的父母是朴素的农民，可是他们说出来的话，是多么富有哲理又充满温情。他们对待孩子有那么多的爱和温柔，呵护着孩子稚嫩的小小心灵，给予孩子满足和包容；他们对待生活的态度积极乐观，这样的态度影响到孩子，让孩子能够放松，让孩子得到祝福和勇气。他们爱孩子。爱，是超越逻辑体系的最高哲学。

其实，父母都是最朴素最睿智的哲学家。也许，父母没有著书立说，也不会舌灿莲花，但父母就是哲学本身。他们对生活和世界有着天然的智慧，有着基本的是非观，他们对孩子有着与生俱来的爱怜与呵护。父母就像是宇宙和星辰，就像是大海和土地一样，是无语而沉默、坚韧而壮美的存在。

父母穿越春夏秋冬，穿越明媚和艰难，历经沧桑而坚韧勇敢。他们用日复一日年复一年的不屈和乐观,告诉孩子什么叫生活。

父母用耐心和温柔,呵护着孩子的感受和需求。他们用发自内心的喜悦和毫无理由的宠溺,告诉孩子什么叫爱意。

在人生的倦怠和琐碎里坚守,在自然的春光和微风里享受,一边累着一边笑着,一直走着一直向前。这就是平凡而伟大的父母们,世间顶级的哲学家。

第 *1* 章

孩子的心

1. 归属

孩子内心最初的和最本质的渴求,并不是求知。求知是水到渠成的事。

孩子内心最初的和最本质的渴求,是理解这个宇宙,以及茫茫宇宙中的自己。

一

做孩子的父母,得是哲学家级别才行,还得是较高级别的哲学家。不然,孩子的很多想法我们是真的理解不了,也不能给他解释,只能说一些琐碎平淡而无关紧要的话。

孩子,需要深深的理解。他出于直觉和内在的敏感所表达的对于自身、对于时空、对于宇宙的困惑,那是高阶的问题。他提出问题,需要解惑。

作为父母的我们,有时会给出些无关痛痒的回应;有时会感到问题太超出我们的认知,而视孩子为古怪异类。但我们却不一定能够真的理解孩子的问题,更不用说给予

第1章 孩子的心

孩子满意的回应。

孩子的身体和心里蕴含着宇宙最大的哲学。在茫茫的宇宙之间，人是那么渺小、孤单。

但，也唯有人有意识。

正因为人有意识，所以人更显得孤单。

我们是谁？我们来自哪里？去往何处？如何行有所依，师出有名？

这些问题，哲学家会问。哲学家追问的是值得追问的问题，哲学家追问的是和每一个人息息相关的问题。这些问题不是形而上的看似很虚的问题，而是确确实实影响着每一个人，甚至确确实实影响着每一个儿童。

《咕咚来了》的故事里，"咕咚"的声响让兔子、狐狸、猴子、老虎等一众动物害怕而狂奔逃走。动物们最后弄清楚了"咕咚"原来是成熟了的木瓜掉入湖中发出的声音，于是它们不怕了。

我们不了解的事物会让我们害怕。不明来由的巨响、潜伏的隐藏着的未知，让我们恐惧。但如果我们明白了，那突如其来的巨响，原来是木瓜掉落湖中的声音，那刺眼的光亮，原来是给予我们温暖的太阳，我们便会释然，便会莞尔一笑。如果我们对这个世界、这个宇宙，包括对我们自己，有更多了解、更多知晓，我们可能就不会那么担忧那么恐惧了。

在我们的世界里，在我们的意识和身体里，也隐藏着很多很多的未知，也带来很多很多的疑虑和恐惧。世界是什么样的？人是什么样的？该如何行事？后果怎样？是否会招致惩罚与毁灭？这些问题不一定会被明白地表达出来，但却是深植于人们心底的哲学。

二

心理学家弗洛姆在《对自由的恐惧》一书中写道：人具有主体自我意识。即，人意识到自己作为一个不同于大自然和其他人的个体性存在的思维能力。尽管这种意识在程度上有所不同，"但它的存在使人面临一个本质上是人类的难题：由于人意识到他自己不同于大自然，不同于其他人，由于意识到——即使很模糊——死亡、疾病、衰老的存在，在与宇宙和所有不是'他'的其他人之比较中，他必然感到自己的卑微与渺小。除非他归属某处，除非他的生活有某种意义和方向，否则，他会由于自己的无足轻重而感到如同一粒尘埃，感到被征服。""他可能满腹疑虑，

第1章 孩子的心

这种疑虑最终将他的行为能力,也就是他生活的能力瓦解。"①

这种意识之下,人类难免会感到渺小、孤单和恐慌。这不仅仅是成人也是幼儿会面临的处境。他必须确认归属,他必须认清自己,他必须弄清楚自己是什么样的,世界是什么样的,自己和世界有什么样的联系。

在弗洛姆看来,个体对于这种空旷的、孤单的、茫茫的自由之恐惧的解决之道,绝非是将自己附庸或捆绑于群体而得到些许的安全与温暖。恰恰相反,真正的力量、安全与自由,来自"个体通过自发活动实现他的自我,从而使自己与世界发生联系,他便不再是一孤独的原子了……唯有那些从自发活动中生发出来的特性,才能给自我以力量,才能构成自我的完整性的基础。……他与世界合为一体,成为一个结构化的整体的组成部分。在这个整体中,他占有适当的地位,因而,他对自己的怀疑连同对生命意义的怀疑一扫而光。……他便获得了个人的力量和安全。"②

当个体通过自发活动实现了他的自我,他找到了自己,找到了自己与世界的联系,找到了自己在世界的归属,获

---

① [美]埃里希·弗洛姆:《对自由的恐惧》,许合平,朱士群译,范进校,国际文化出版公司1988年版,第14页。
② 同上书,第186—188页。

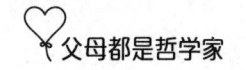

得了安全与力量，感到真正的自由与美好。

孩子进入的世界，不是一个纯粹物质的世界，更是一个人为的世界。我们作为世界的先来者，有责任给孩子的成长提供一个安稳、光明、善意、充满爱的环境。

孩子需要这个世界是安稳的、安全的，不会灾难频发，不会反复无常，不会歇斯底里，不会动辄失控；孩子需要这个世界是光明的，太阳温暖，昼夜循环，月出虫鸣，万物生长；孩子需要这个世界是善意的，信任尊重，宽容慈祥，他的深情他的眼泪有人懂。

唯有如此，突然而至的"咕咚"之声方能成为平常的、悦耳的自然之声，令孩子欣赏、探索，而不致引发惊惧。

唯有如此，孩子会慢慢知晓世界模样。

唯有如此，孩子会慢慢认识和接纳全部的自己和自己的全部。

唯有如此，孩子会知道，这个广阔的世界虽然漫漫无垠，虽然有着无尽的黑暗，虽然有着诸多未知、诸多神秘，但终归像极了他所生活的这个熟悉的小世界，也充盈着安全、光明、善意和爱。他可以欣欣然前行，可以带着祝福和勇气出发。

第 1 章 孩子的心

唯有如此，孩子会知道，他所在的世界里充盈着的安全、光明和善意，是星光也是魔法，会召唤他体内同样安全、光明和善意的自己。他会信任自己的身体，信任自发活动，安心大胆地释放自己的能量，施展自己的潜质，与世界相遇、相知、相融，为世界带来更多光亮。

三

绝大多数人，都像动画电影《心灵奇旅》中的小精灵二十二一样，会思考生命之意义，会反观自我。

人世间，熙熙攘攘，你来我往。

宇宙之辽远，天地之广阔，人，如沧海一粟，那么渺小，又那么孤单。"我是谁""在茫茫宇宙天地之中，我算什么""我来自何处，去向何方"，这是人心中必然的疑问。孩子内心深处的疑问必然首先经由孩子的自身体验而获知答案。这答案的获得，不在于被他人告知，而在于自己的体悟，在于孩子体验并感悟到自身的力量，在于孩子体验并感悟到天赋本能。每个孩子都首先是宇宙的、自然的。每个孩子于降临之初，都携带基因与密码。在正常的、自然的环境中，孩子的天赋本能会慢慢苏醒，自然展开。孩子在与外界环境互动与链接的过程中，逐步能够按照自发性行事，逐步建立主体感，形成完整自我意识。他越来越

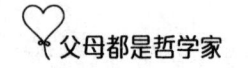

能够欣赏、信任、接纳自己——欣赏、信任、接纳自己身心涌动着的激情和自己发出的声音。

于是，孩子内心的那个疑问，也开始清晰起来。太阳有光，星清月朗；昼夜循环，安然无恙；时光悠悠，来日方长。孩子意识到，小小的自己，和那微微吹过的风、夜晚呢喃的虫鸣、天空的星月、清秋的花香一样，也是这宏大宇宙与天地间的一分子。他会慢慢成长，慢慢释放能量，也会在与世界的交互中逐渐获得更大的能量。

日月星光，微风花香，温声暖语，胸怀宽广，滋养着孩子，安抚着孩子，让孩子感知到安稳、光明和善意，让孩子体会到爱的味道、爱的甜蜜。

安稳、光明、善意和爱，让孩子不害怕，让孩子安心地释放体内魔法般未知的能量，让孩子感受到自身的天赋和活力，让孩子感受到生命的激情与美妙。

我们成人，不仅要给孩子提供丰富的、适宜孩子发展需要的物质环境和条件，我们还要让孩子感知到，在他小小的身体里蕴含着天赋的、独特的、无尽的、魔法般的能量。在悠长时光里，这些能量会慢慢苏醒，慢慢绽放，不

第 1 章 孩子的心

用着急,无须慌张。我们还要让孩子感知到,这些未知的、看起来深不可测的能量,本质上是好的,是善的,可以欣赏、可以信任。我们不必因之而恐惧或羞耻,不用躲避或遮掩,不用刻意管控或驾驭,不用派遣意识和理智的士兵把守天然能量的门口,不用战战兢兢、如履薄冰。

就让天赋能量自然流出,像风吹过,树摇动;像溪水流过,鱼儿欢唱;像云卷云舒,花开花落。

孩子内心最初的和最本质的渴求,并不是求知。求知是水到渠成的事。

孩子内心最初的和最本质的渴求,是理解这个宇宙,以及茫茫宇宙中的自己。

这听起来像是只有哲学家才会思考的高深问题,但实际上,孩子会用整个身心去体验这个问题,孩子会用整个生命去探索这个问题。

孩子用整个的身心去听、去看、去感受"宇宙是什么样的""自己是什么样的"。

父母、师长与社会深爱孩子,向孩子呈现世界的辽阔与深远,共享世界的美好与神秘,和孩子一起探索世界的未知,沉浸于世界的趣味,这不仅仅是在告诉孩子新知,更大意义上是在告诉孩子:你身处大海,可尽情畅游;你羽翼正丰,当展翅高飞。

2. 本能

假如本能惧怕文明比文明惧怕本能更甚这一论点是正确的，我们就应从相反的角度看待这个问题（假如我们仍希望产生更完善的人、更美好的社会的话）：教育、法律、宗教等至少应起这个作用，即保护、促进、鼓励类似本能的需要的表达和满足。

——马斯洛《类似本能的基本需要》

一

随着社会、文化、经济和科技的发展，人们创造出越来越丰富的物质财富，逐渐揭示世界的秘密，有了对世界更多的认识和控制。人们在不断自信于可以知道更多、可以控制更多的同时，需要保持一份对于不可完全知晓领域——比如生命——的敬畏、平衡与节制。

生命的浩瀚、智慧与神秘远远超越了人类个体有限的认知和主观意志。中国古代哲学家老子在《道德经》第一章即指出："道可道，非常道。"生命本身运行的动力和能量深不可测，是人类有限的认知和言语所无法完全把握的。试图彻底渗透生命奥秘，一眼看透生命本质，试图指导或控制生命的运行，这在某种程度上是不可能实现的执念。我们的生命——包括我们的身体和我们的灵魂——蕴涵着无尽的智慧和能量。我们不需要很迫切地去控制、去征服，更需要的是敬畏和顺应。我们需要听从身心本能的召唤和指引，全然的信任，全然的放松，全然的沉浸。

美国心理学家霍尔认为，人类与生俱来的本能是"人类灵魂真正伟大而美好的资源之所在"，本能是我们身体的智慧，是我们祖先的智慧。[1] "本能是通过遗传获得的各种积极的内在可能性和生命主动调节的机制。从自然演化的视野来看，肉身的本能和无意识活动是生命进化的伟大成果，它有着极为丰富的内在蕴含。"[2] 这些内在蕴含随着个体的发育在环境作用下逐渐展开，是个体后天习得的基础。本能涵纳了非常丰富的身体智慧。个体受其内在本能的指引，进入世界，感知、好奇、操作、模仿、探索、创

---

[1] 参见 John R. Morss, *The Biololgising of Childhood: Development Psychology and the Darwinian Myth*, Have: Lawrence Erlbaum Associate Ltd.1990, pp.36–37.

[2] 苗雪红：《儿童精神成长论》，上海三联书店，2016年版，第 26 页。

造……生命本能之浩瀚与丰富不仅仅保证个体趋利避害、生存于世,更使得个体去爱、去创造、去享受生命、去展现其独一无二的价值。

本能蕴含着生命主动的自组织机制。作为具有组织能力的内源结构,本能代表"对内在资源最灵活、最有创造性的运用"①。生命本能是由生命漫长的进化历史形成的,是经自然选择的,因而必然是自在的、合规律、合目的的,必然是向好、向善、向上的。生命不存在一个确定的状态或一个看得见的结果,而是在主动活动、选择、反馈、调节的过程中不断完善自身。

二

生命是平等的,这种平等首先就在于几乎每一个拥有生命的人都不必太过用力就能享用生命本身。或者说,生命之平等在于可以让每个生命凭借其与生俱来的本能、凭借其生命自然的运转就可以生存与生活,就可以享用生命。每个人与生俱来都携带着生命自身的密码,都蕴含着无限

---

① John R. Morss, *The Biololgising of Childhood:Development Psychology and the Darwinian Myth*, Have: Lawrence Erlbaum Associate Ltd, 1990, pp.36–37.

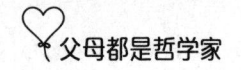

而独特的本能智慧。

我们往往没有意识到自身所隐藏的巨大潜力，往往忽略了我们自身的宝藏。如果说这种天然的本能智慧有触发按钮，那一定是爱。爱，指引个体走向世界、走向事物，凝视、专注、投入、链接，绽放喜悦与激情。个体和世界之间的这种彼此相遇与钟情，是美妙和动人的体验，无以言说。当一个孩子走向世界，当他对事物感兴趣的时候，正是他的智慧、潜能与自我开始显示，正是他与世界开始链接之时。此时，孩子的智慧开始萌芽，潜能开始展现，自我开始构建。这样的时刻，是孩子内在能量的引发，需要被好好地尊重、保护和引导。

我们容易犯的错误是，试图用成人世界既成的概念与经验去规范和指导个体的本能。这是本末倒置。本能是海洋，是源泉，而人类社会的概念和经验只不过是沧海一粟。在本能的智慧面前，明智的教育者所要做的是尊重、顺应、扩展与引导。

三

曾和一位大学新生谈话。他说自己对认知科学感兴趣，对此钻研了很多，为什么自己也并没有比同学考得更好？

第 1 章 孩子的心

听了他的困惑,我想到了"出世"和"入世"这两个词,并且用两个更为朴素的词与"出世"和"入世"对应,即"反思"与"投入"。善于反思,善于跳出来站在事物之外,与世界保持一定的距离,站在一定的高度去看世界、看事物,固然是必要的。但另一方面,过度反思、总是与事物与世界保持着距离,总是对事物对世界报以审视,便走向了极端。过度反思并不会带来反思者所期望的好处。这种预期落空的原因恰恰正是有预期。因为当我们有预期、有控制、有执念的时候,世界之于我们是被物化的,我们和世界是"我与它"的关系。

马丁·布伯在其著作《我与你》中指出,人置身于二重世界之中:"它"之世界与"你"之世界。在"它"之世界,人把他周围的一切——生灵万物——视为相对立的客体,视为可资利用的对象和工具,捕获占有之,分析解剖之。在"它"之世界,人所知者乃"沸腾的外部世界以及他力图利用它的疯狂欲念"[①]。而在"你"之世界,人安然栖居其中。这一世界中的万有"皆栖居在他的灿烂光华中……不是可被经验、被描述的本质,不是一束有定名的

[①] [德]马丁·布伯:《我与你》,陈维纲译,商务印书馆2015年版,第56页。

属性,而是无待无垠、纯全无方、唯一之'你',充溢苍穹之'你'"①。没有任何概念体系、天赋良知、梦幻想象、目的意图、欲望、先知预见横亘在"我"与"你"之间。"没有任何事物本是现成的经验,它必在与相遇者之交互作用中呈示自身。"这是关系的世界。诚如孩童,"并非首先知觉到对象,而后建立与它的关系,相反倒是,建立关系之努力率先出现""孩童之手形成拱穹,以让相遇者安卧其下,其后而生的便是关系,即先于任何语词的无言的言说'你'。"②

马丁·布伯关于二重世界的论述实质上和老子在《道德经》中所述"为者败之,执者失之"有相似的蕴意。当心中迫切地想要得到一个结果、当眼中只看得到想要看到的东西、当身心并不真正投入在事物上时,很可能会失败会失去。相反,如果能够自然真诚地动心、热爱、投入,事物便呈现其原有的本质,呈现其无限的蕴意和可能,人与人、人与事物之间便有了情感的、灵魂的链接。从这个意义上说,一个纯真的、有着天生本能和天然热情的孩童比一个有着强壮身体、欲念丛生的成年人有着更大的力量,

---

① [德]马丁·布伯:《我与你》,陈维纲译,商务印书馆2015年版,第13-14页。
② 同上书,第27-28页。

第1章 孩子的心

这种力量无关年龄、无关力气、无关个头,而在于内心的纯净与真诚。

反思可以锦上添花,但并不是必要条件。那些即使没有运用反思这一工具的人,他们凭借生命的自发本能生活或许正是生命的原本之义。不计功利不带头脑偏见和执念,而只是全情投入和事物建立直接的链接更加宝贵。假如那位大学新生的同学并没有研究认知科学,并没有审视或者反思怎样做是更好的、怎样学是更有效率的,但他真正地对知识、对事物、对世界产生兴趣,愿闻其详,投入去学,同样会得到很好的收获。

在科技越来越发达、人类认知越来越强大的时代,投入与反思、真心与理性之间的平衡是值得审视的。头脑太过于理性、有太过于强烈的动机和执念,很多时候不仅不见得是好事,更有可能适得其反。生活和人生由很多因素决定,不是头脑理性可以完全控制的。信任本能,专注于当下,投入生活的真实和烟火气息,反而是弥足珍贵的。

将世界抽离为理性与认知,让孩子一直一味地学习抽象的知识,用很多条条框框塞满孩子思考的时间和空间……这样的做法带来一个很大的问题就是，孩子容易依赖头脑和理性，无论做什么都需要有个理论和指导方可安心，这使得孩子的本能和真心都要荒芜了，都发不出来了。如果一味地强调标准，划分绝对的对与错，似乎什么都要精准定位，什么都必须正确，容不得一丝错误，容不得些许模糊，这容易造成一种过度使用认知、过度控制的倾向，导致孩子不知道话该怎么说才正确圆满、事该怎么做才符合规范。孩子会无所适从。他们失去了本能的自发性的指引，也就失去了面对世界的根基和主体性。

孩子尽管稚嫩、脆弱，还不成熟，但正因为此，尚没有太多的成见、先在的概念、固定的思维进入他们的头脑。同样一件事物有可能在孩子眼里呈现出崭新的意义。孩子用他的身体、直觉、本能和心灵去触摸、观察并感受眼前的事物。在孩子眼里，事物只是事物本身，其上并无附加任何其他先在的意义，事物因此在孩子眼里充满了神秘和魅力，吸引孩子前去探索，从而发现事物更多的可能性和更多的惊喜，发掘事物更为丰富的意义和内涵。

让孩子多接触生活，自主体验，让他们感知到自己的真心和本能是可允许的、是可贵的，是比权威和理论更值得信任的。这种对生命自发性的信任和骄傲，就是一个孩子的立世之本。

四

某一天，我头很疼，躺在床上，头脑抑制不住地胡思乱想，各种压力、各种琐事、各种内心戏，并发各种担忧、焦虑、害怕。这样的狂想似乎无边无际，没有尽头。我想为我这些乱七八糟的想法找个出口。我忽然想，我在怕什么？就算一切都失去，我最后可赖以存在的东西是什么？

我想到的是，一个人最后可赖以存在的东西，一个人身上最宝贵但却未必能意识到的东西，就是他的真心、他的本能、他的爱、他和世界万物之间的链接。只要还有生命的本能和欲望，只要还有对世界万物的真诚、兴趣和热爱，只要还能忠于自己的内心，生命的能量就会流动，一颗心就会有所寄托。只要我还有意愿坐下来喝一杯茶，还有心对世界上的人、事、物真诚地感兴趣，生命就会向前奔流。

电影《心灵奇旅》里有一句话很打动我："火花并不是找到人生目标，当你想要生活的那一刻，就点燃了生命的火花。"是的，并不是变成了什么才叫美，当你想要美的那一刻，你就美了。当你动心的那一刻，你才真正意识到自己的存在。不是成为，而是想要。成为，是在等着外界的认可，是在迎合一种标准，是在取悦他人，是在物化自己。想要，是内心激起的对生命和生活的喜悦和热情。这种热情让身上的每一个服饰和物件闪光。内心唤起的对于生命的喜悦、热爱和投入，才是人之所以为人的根本和动力。

我们很少意识到我们内在的动力和能量，也常常低估了我们自己在宇宙中的位置。作为万物之灵的人，本身即是宇宙的一员，本身即是自然的一部分，也因此，人本身也拥有宇宙的浩瀚与无垠。我们不要把自己与宇宙分离开来，不要把自己与宇宙视为二元对立的存在，既不要狂妄自大，也不要自惭形秽、妄自菲薄。我们自身作为宇宙和自然的一部分，宇宙是怎样的，我们自己便是怎样的。我们认识宇宙就像去认识我们自己一样，我们认识自己就像去认识宇宙一样。

作为一个人，我们携带着宇宙的使命而来。一个人的天赋和热情，不管是唱歌、画画，或是作诗，都不是训练出来的，而是他本身就是那样的人，他有那样的基因、那样的经历、那样的感受、那样的性格、那样的心。或者可以说是命中注定。我们所要做的便是去看见它、顺应它、保护它、实现它。

除了生命，没有什么可以失去。只要还有生命，什么都可以回来，甚至以一种更好的形式。只要还有生命，还有心，还有爱，就有生生不息的能量和源泉。

我们通常低估和轻看了人类与生俱来浩瀚无垠的自发本能，同时高估了外在那些看似系统精致的规训和教化。人们倾向于将一些破坏性的、不正常的行为视为人类的自发本能，而将一些良好的、符合社会规范的行为视为个体受到规训的结果。基于此，人们视本能为洪水猛兽，急欲去除之压抑之，而将规训视为驾驭本能、驯服本能、改造本能的救星和良药。但事实更可能是：那些好的、善的、向上的行为是人类本能的倾向，那些不正常的、破坏性的、病态的行为则是不当规训下本能受到扭曲的后果。

五

在幼儿园见习的学生问过这样一个问题。她说，我观察到班级里有些孩子有点散漫、有点调皮，但这些孩子相比于其他孩子而言确实思维更灵活、接受能力更强、更有创造力。她的问题是，这些孩子的散漫是不是一定要纠正？我认为见习学生提的问题很有深意。我和见习学生讨论，我们教育的目的是什么，我们想要孩子成为什么样的。我想，我们教育的目的并不是把孩子规训成为一个老实、顺从、乖巧、听话的孩子，规训成为一个唯唯诺诺、循规蹈矩的人。那只是管理的最低层次，也是最无能的管理者的目标。思维灵活、接受能力强、有创造力，这样一个有活力的孩子不正是我们的教育孜孜以求的目标吗？不正是我们的教育可以引以为豪的事情吗？一个有生命活力的孩子，他在行为上可能就不会那么一板一眼，做事就不会总是考虑规矩和规则。所以他行为上有点散漫，我认为是没必要纠正和纠结的。甚至，在某种程度上我们可以认为，正是因为我们允许了孩子的一些散漫，正是因为孩子没有被过度地约束，他的活力和能量才得以释放。当我们把孩子规训得很完美、很精致时，也冰封了孩子内在的活力和本能。

与略带攻击性相比，活力和本能的丧失才是我们不愿看到的。不管是作为父母还是教师，我们真的不用在一些鸡毛蒜皮的小事上吹毛求疵，让孩子感到动辄得咎，比如衣服怎么搭配怎么穿、饭菜的口味是咸还是淡、吃点心时杯子没有按方向放在桌上、上课和其他小朋友讲两句话、排队走路时跑了几步……在诸如此类的小事上没有必要揪着不放。有智慧的父母和教师总是能看到孩子作为一个整体的存在：他的动力、他的活力、他对生活和世界的喜悦以及他内心洋溢着的欢乐。这些才是最重要和最根本的。孩子内在的生命能量所散发的光芒足以吸收和容纳这些小是小非。

也许，作为教育者的我们有时会发现，似乎我们并没有做很多，孩子已经展现出令人惊讶的生命力了，他灵活、主动、有创造性，他善良、美好、积极向上。这时，满怀理论和志向的教育者在想，是否需要更进一步？是否要看看我们还能做些什么？是否还需要对孩子做哪些修正或者引导？这当然是教育者的志向和责任所在。但更多时候，我们应该警惕自己操之过急了。就算看起来没做什么，只要孩子的生命能量能展现出来，我们就该欣慰。正所谓"圣人处无为之事"（老子语），生命自可显露它本身一切的美好。当然，当孩子需要的时候、当孩子困惑的时候、当孩子发出声音的时候，我们自当加以支持与引导。

六

人类与动物之间一个重要的区别在于人类有意识。

意识可以给本能带来光亮，让人既饱满又睿智。宝藏般的本能受到了意识之光的指引,进入世界,与世界共舞,与世界合拍。

但,如果个体的本能未被充分唤醒、未被充分信任之时,过早过度发展与灌输了意识,则意识很有可能变成羁押与束缚本能的看守。如果个体的本能萎缩或被压抑,则人从根本上也失去了人之为人的意义。汹涌的、宝藏般的本能是生命活力、想象与创造力的源泉。如果本能失去了,则意识也就成了无源之水无本之木。同时,被压抑的本能也失去了走出黑暗的动力和勇气,更愿意严守规矩、听从指挥。如果人因被规训,或因恐惧,或因执念,紧紧抓住意识、无限依赖意识而冰封了自己内在本能的资源和力量,则这份美好的意识之光,就会不堪重负,变成了人死死抓住须臾不敢松手的利刃上的寒。

想象、信念、幻想、虚妄、执念,均来自意识。人类之幸,在于意识;人类之不幸,也在意识。

哲学家桑塔亚那指出,虽然意识在指导行为方面比本能更好,"但在最初,它却是最不能胜任那项工作的。只有生命本能才使思想和意志完全保持正常的状态……理性是非理性甚至无意识过程不断进行适应变化直到最后阶段才自然而然地产生出来的。在此之前的自然,是理性产生的必要条件和动力,并给予理性目的以支点。"[1]本能是生命存在的基础性力量。"生命本能的展开首先是有机体'活着',这是生命意志或自然意志最为基础的表达,在此基础上,生命更复杂的样式才可能得以展开。"[2]

美国人本主义心理学家马斯洛认为,本能是强大的,它们顽强地坚持要求获得满足,一旦受挫,就会产生严重的病态后果。然而,本能又是柔弱的,它们很容易被恶劣的文化环境吞没和摧残。如果一种文化能够孕育本能,使它们出现,以便表现和满足自己,那么可以说这种文化是慈善的。马斯洛认为,"教育、法律、宗教等至少应起这个作用,即保护、促进、鼓励类似本能的需要的表达和满足。"[3]

---

[1] [美]乔治·桑塔亚那:《人性与价值——桑塔亚那随笔精选》,乐爱国、陈海明译,广东人民出版社2003年版,第13—15页。
[2] 苗雪红:《儿童精神成长论》,上海三联书店2016年版,第254页。
[3] [美]马斯洛等:《人的潜能和价值》,林芳主编,华夏出版社1987年版,第199页。

3. 自我

"火花并不是找到人生目标,当你想要生活的那一刻,就点燃了生命的火花。"

——《心灵奇旅》

20世纪最卓越、最有影响的心理学家之一卡尔·罗杰斯认为,在人们所有的困惑和问题背后,都存在着一个共同的核心的追问,即每个人似乎都在心底深处反复自问,"我到底是谁?我怎样才能接触到隐藏在所有表面行为底下的真正的我?我如何才能成为我自己?"[①]

同样,美国学者布琳·布朗在其著名的TED演讲《解读羞耻》中也说到,最深的羞耻是关于"自我的",一个人认为他不该是现在的样子而应该是别的样子。"羞耻"的播放机始终循环着这样两句话:"你永远不够好""你以为你是谁"。羞耻的核心是觉得自己的存在是个错误:"我怎么这么傻?我怎么总是不如别人,我什么事都搞不好……"

---

① [美]罗杰斯:《人的潜能和价值》,林芳主编,华夏出版社1987年版,第299页。

第 1 章 孩子的心

布琳说,那些指指点点嘲笑我们的人99%是谁呢?是我们自己。

对自我的追问和确认成了人之为人的根本起点。"我何以为我""我如何度过有意义的生命",这些看似虚幻的哲学问题却实实在在地影响着几乎每一个人的心理和生活。电影《心灵奇旅》试图对此问题进行探讨和回应。

一

《心灵奇旅》的主人公乔伊是一位梦想成为爵士钢琴家的中学教师。他并不满足于一直做看似有铁饭碗的中学教师,他有激情、有梦想,他想做音乐、玩爵士。就在他快要梦想成真时,却不慎失足跌入井盖。灵魂坠落至深渊,并即将坠向生之彼岸(死亡)。乔伊拼命逃离,来到了生之来处,在那里他遇到了二十二号灵魂。

二十二号灵魂在生之来处(心灵学院)已经待了几千年,却始终拒绝开启在地球的生活。二十二,这个看似冥顽不灵又叛逆的小东西,其实非常脆弱和敏感。它思考得很多,"既然人们最后都要回到生之彼岸(死亡),那去地球活这一趟究竟有什么意义?""人们常说'天生我材必有用',可是人又怎么知道自己是不是那块材料呢?"它担心自己不够好,不配活着。其实,它是太想好好活着,它不想辜负去地球的那一趟旅行,它还没准备好。如果没准备好,它宁可不开始。它始终不能确定:我可以吗?我够好、够配得上地球上的身体、配得上在地球开启一个新的生命吗?我在地球上的一生该如何度过呢?然而,只是停留在头脑层面的运作和思考,就算把这样的问题追问了几千年,就算有无数顶级的灵魂导师启发它,二十二还是没有勇气开启地球上真正的生活。

人们以为,这些疑问的答案就是找到人生的目标和方向、找到生命的火花。就像电影中主人公乔伊说,地铁上又臭又热又吵,人们的生活日复一日,年复一年……但过了今晚,一场完美的演出之后,我就不一样了,我全新的人生就会开启。就像许多迷失的灵魂陷入了执念"要快乐,要达到某个目标,要成为什么,要到达大海……"。似乎这样,人生才有意义,个人才有价值,生活中那些平凡的、重复的、无聊的、无力的、艰难的时刻才能变得不那么灰暗。如若不然,人们便会羞耻、便会自我攻击。二十二在被迫回到心灵学院后,不断地自责和攻击自己:我什么也不是,我没有目标,没有方向,没有火花,我不配活着。

人们为原本无限可能的生命设定目标、寻找意义,从某种程度上讲,其实是在逃避生命本身,逃避具体的、生动的、当下的生活,让目标和意义成为生活中无聊、无力、

第 1 章 孩子的心

苦难时刻的慰藉。所谓的人生目标和生命意义遮蔽了人们对于生活真实的体验，它虽然可能让人们在痛的时候没有那么痛，却也可能让人们在欢乐的时候不能够单纯的欢乐，而是让痛苦和欢乐围着目标和意义服务，生命成了头脑游戏的奴隶。生命和生活本身并无所谓这样那样的意义，你感受到什么它就是什么，你感受到爱就是爱，你感受到不爱就是不爱，目标和意义反而有可能扭曲了人们对于生命和生活的感知。诚如乔伊，他在如愿完成一场心心念念的、完美的音乐演出之后，却并没有想象中的欣喜若狂，并没有感觉生活与以前有什么不同，人生并没有立刻闪亮起来。生命和生活原本是无常的，激情满溢的时候就是激情满溢，激情释放了就会觉得平淡如初。人生不总是高光时刻，个体也并非总是高能量体。相反，人生的底色是平淡但有无限可能，其美妙和动人之处正在于我们也许不经意间会在转角遇到爱，正在于我们无限潜能的触发按钮在我们自己身上，只要你想，就可以开启。

二

二十二是在开启地球生活之后、在灵魂和身体合二为一之后感受到生命的美好，而不是事先规定好了火花才投身生命。二十二在心灵学院思考了几千年都没有勇气投身生命,但它仅仅在地球上生活了一天就享受到了生命的美妙,就体验到了生命的火花在胸口噼里啪啦跳动的喜悦。它吃香喷喷的比萨,感受风吹的欢愉,驻足聆听地铁歌手歌唱,和一片温暖阳光下的落叶相遇……

是的,就像二十二在心灵学院里说的那样,"灵魂是压不死的,只有生活会压垮你"。在心灵学院,灵魂似乎怎么着都可以,没有真实的体验也没有任何风险。头脑和心灵无疑是强大的,头脑和心灵可以进行逻辑推理,可以天马行空地想象,可以为所欲为。灵魂可以是不死的,可以一直待在生之来处几千年。但仅仅是头脑和灵魂的运作,是空虚和抽象的,也是胆怯和恐惧的。就像二十二,其实一直在担忧害怕,它一直想要找到最好的生命指导和理论指南,唯恐辜负了宝贵的生命。

地球上真正的生活是日复一日的,是要身体力行的。路,需要一步一步走,事,需要一步一步做。生活可能很快失去新鲜和有趣,无聊、重复,总有不如意总有无力崩溃的时刻:裤子会开叉,头发会不小心被剪坏,热情会遭到拒绝,梦想可能一直不会实现,也许好事没有盼来,却得到生活啪啪打脸……有多少人在生活日复一日无情而漠然的历练中心灰意冷、举手投降、放弃生命?当然,更多的人是坚韧的,总是能在痛苦与快乐、恶与善、寒冷与温

第 1 章 孩子的心

暖的反复中保留心中向生的火苗。一时的挫败并不代表整个人生整个生命的挫败，人可以在足够充分的时间和空间里去发挥自身的潜能，去享受自己的生命。生命也并没有统一的形态，不存在一个固定的、绝对的、权威的、正确的生命标准。每一个人的生命都是对的、值得的，都可以自在自主地展开生命、享受生命。

虽然，真实的生活是艰难的、不容易的。然而，真实的生活也有上天的馈赠，真实的生活有食物的美味，风吹的喜悦，可以看着天空发呆，可以只是走路就觉得快乐……乔伊为了梦想而努力奋斗，但在梦想实现后却难以面对生活归于平淡。但乔伊在回想和二十二共同生活的那一天时，却觉得这一天似乎与别的那些日子有所不同：那些棒棒糖的甜、那些不经意的风、那些地铁过道里流浪歌手的歌声、那些在温暖阳光下飘落的叶子……这么平淡，却又这么真实美好！乔伊忽然对人生、对活着有了新的感悟。他进入忘我之境，重新见到了二十二，告诉它："火花并不是找到人生目标，当你想要生活的那一刻，就点燃了生命的火花。"

三

当二十二开启地球生活后，终于感受到有感觉，终于快乐地说出:"我的火花大概是对着天空发呆吧,或者走路,我觉得我现在很擅长走路……"乔伊一盆冷水泼过来了:"那并不是人生目标,那只是平庸的日常!"二十二以为自己找到了火花,却被乔伊否定和打击:"那并不是你的,你只是活在我的身体里,你找到的是我的火花!"在这样的否定和打击下,二十二不知所措了,它好不容易获得的对活着的感觉和信心全没了,二十二陷入了对自己疯狂的攻击:"我没用,我是个废物,我没有能力适应这个世界,这个世界需要优秀的人,我不够好,我不配活着。"

电影《心灵奇旅》中,那些在生之来处的灵魂要想投身于地球的生活,首先需要获得一张地球通行证,获得地球通行证的关键是找到火花。二十二阴差阳错在未找到火花的时候投身于地球上乔伊的身体。那么,在地球上生活的那一日,二十二是怎样体会到它以为的生命火花的?真正的火花是什么?二十二受到的最致命的打击是什么?

二十二找到火花是凭借它的感官、它的感觉、它自己的身体,凭借生命本身。这些是天赋本能,只要生命开启,这些本能就会表达和释放。二十二找到火花是凭借它的自我,它和康妮交流,真诚自然;它和理发师聊天,聊得很开心。乔伊问它,你是什么时候学的?它回答说,我没有学,我只是表达了自我。二十二找到火花是凭借它的身体、

第 1 章 孩子的心

它的自我、它的自发性，这是每一个人类的天赋本能，并不需要额外获得通行证。当它开始释放、信任、享受它的自发性，它就开始有感觉。它感受到生活和生命的喜悦，它开始喜欢生活，想要投入生活，如此幸福的感觉！它以为这就是生命的火花，它说这就是火花！哪怕它所说的火花只是对着天空发呆，只是走路……如果我们也去尊重、欣赏、信任二十二生命独特的、自发的表达，能把眼光放得更远一些，把二十二此刻的表达视为生命的一个流经，视为此刻此阶段的一个表达，我们将会欣喜于一直对地球生活很抵触的二十二终于开始"想要"生活了，开始喜欢甚至享受生命了，那么，二十二生命的火花必将会不断绽放、璀璨于整个的宇宙和天空，而不仅仅只是限于目前对着天空发呆或者走路，这些只是一个阶段的表达而已。很可惜，这种"想要"生活、这种感觉自己找到火花的欣喜和幸福很快遭遇了评判、否定和打击。这多像一个在成长中的孩子，他刚刚开始用自己的感官、自己的感觉、自己的身体、自己的心灵体验到生命的甜美滋味，试探地表达出了自己感受到的这份美好和快乐的时候，却被迎头泼了一盆冷水："这很肤浅，这不算什么，没什么值得骄傲的，别整天搞这些没用的，要有更高的追求、更远大的理想，要做更重要的事。"孩子迷惑了："我的体验和感受都错了吗？这份快乐和美好是不对的吗？这些体验和感受、这份快乐和美好，对于我来说，是绝对真实绝对存在的。可是，如果这些是不对的，那什么才是对的？我只有我现在的身体、现在的心灵、现在的感受、现在的体验，如果它们是不对的、不好的、不值得的，那也许我是不该存在的，也许应该有另一个对的、好的、值得的身体和心灵。"

真正的火花是生命开始伸展触角，内在的自我开始表达，生命开始本能地"想要"与世界链接，开始享受这种天然的本能带来的愉悦和惊喜。生命不断展开，走向更广阔的世界。而我们对于生命的执念和评判：要找到人生目标、要快乐、要成功、活着要有意义等，会吸附生命自发的能量，阻断生命原本自然流畅又无常的进程。能量被吸附被阻断带来怀疑、痛苦和攻击。生命原本是无常的：比如康妮想退出乐团、又不想退了；比如理发师原本想做兽医，但因为现实的无奈只好做了理发师，但做了理发师他也觉得开心。二十二感受到的最致命的打击是对生命的否定、评判和执念。没有什么绝对正确和权威的理论可以指导一个生命，生命的自发本能如果受到过多的指导、指点和指挥，这个生命就宕机了。它会怀疑：我有没有存在的必要？如果我的自发性是错的，那我是不该存在于世的。但实际上，自发性是无所谓好坏的。生命的本质就在于其自发性,在于自发的随机和无序,在于不确定以及不确定带来的可能性和多样化。也许,能让生之来处那些像二十二一样的灵魂勇敢飞向地球投身生活的最大底气,就是对生命的不设限、就是可以活出自由的生命、就是允许和包容、就是爱和陪伴吧!

"所以,你会怎样做呢,你将如何度过你的人生?"

"我也不确定。可是,我知道,我会享受,活在当下的每一分钟。"

生命本身不需要预先规定。自我蕴含在生命之中,无须确认是否对与值得。个体的使命就是释放与生俱来的本能、表达独一无二的自我,勇于去信任、勇于去投入与享受生命。

4. 深情

无深情，不少年。长大，不应该是向深情告别。

一

《狗十三》这部电影揭示了少年深情而孤独的内心世界。

刚开始，这部电影会让我产生一些恍惚和错觉：李玩的家人对她还算好的呢，一家人在乎她的感受，小心翼翼地，也想讨好她、哄她，让她开心，不是挺好的吗？有网友这样评论："这毕竟还是大城市里较为体面的家庭的故事，女孩要在父亲面前挑衅地吹啤酒瓶才会挨一顿打，打完还能得到道歉与补偿。在我们十八线小城市的版本里，女孩准备出门找狗的时候就已经可以赢得两记耳光了，没有发出尖叫的机会，没有摔门摔碗的机会，只能把头深深地埋进被窝里无声哭一场，第二天起来，就长大了。"这也是我看完电影后最初的感受。

第1章 孩子的心

看起来，相对于"听我的，否则挨打"的直接和粗暴，李玩的家人应该算好的了吧？

是的，电影里的李玩和家人，代表的是更多家庭的状态。这种状态不是直接的冷漠和冷酷，它裹着一层甚至几层"温情"的外衣。正是因为这种温情外衣的蒙蔽，让人觉得堵心，让人觉得恍惚、纠结，让人更看不清事实真相。这种温情——爸爸和爷爷、奶奶努力做到的温情，试图将李玩也将观众逼向这样的思考：我都这样了，我们都尽力了，你还要怎样呢？你该懂事了呀！（你再作，再不懂事，就是你不对了）。

这，不过是温情加持下的逼迫就范而已。

不论是直接粗暴，还是温情逼迫，事实真相都是一样的：父母爱无能，看不见孩子。

虽然本质一样，但后者危害却更大。因为后者的方式会让孩子像观众一样陷入一种混乱的错觉：家人其实还好了，我还要怎样？我再"作"就是我不对，我该懂事了。蓬勃的、自发的生命活力和能量不仅未被看到，还在成人制造的混乱逻辑中被评判为"错的、不该的"。

所以，还不如直接点呢，直接承认这样一个事实：父母是看不见孩子的，是没有能力爱孩子的。而不是裹上一层糖衣说：父母是爱你的，是为你好，等长大了就能理解父母的良苦用心了。

确实，爸爸、爷爷、奶奶也只能做到这份儿上了。和直接、简单、粗暴的打骂或不尊重相比，似乎好一点了。我们大多数人的认知和爱的能力也基本在这个层次了，表面上看，真的已经尽力了。

但，家人真的看到孩子了吗？没有。

他们知道李玩真正喜欢什么吗？他们知道李玩的能量、热情、兴趣在哪里吗？

应该是知道的。因为李玩已经很清楚地表达了，她的志愿是物理，但还是被爸爸强硬地改了。

但爸爸不知道或者说低估了李玩对物理学的热爱以及物理学对李玩的吸引和意义。

二

对于一个初中学生来说，李玩看霍金的《时间简史》，谈论平行宇宙，真的很了不起。可是，孩子对于宇宙、对于世界、对于人类处境的深度思考，对成人来说是没有用

第 1 章　孩子的心

的，不如现实的利益来得重要。或者说，根本没有谁在乎。

孩子很难理解吗？他们是否紧锁心扉将别人拒之门外？他们是否语焉不详让别人难以懂得？并不！恰恰相反，孩子是最纯粹最直接最深情的。他们恨不得向世界表达他们内心最热烈的爱，他们恨不得使用所有能使用的方式向世界袒露真情。他们多么希望有人能够看见，能够懂得，能够共鸣；他们多么希望有人能够真诚地看着他们，真正地对他们感兴趣：看看他们在做什么、听听他们在说什么、懂得他们在想什么；他们多么希望能够和那些对他们感兴趣的人一起分享快乐，一起创造未知。

就像李玩，她对世界有着那么热烈的爱与深情。她和别人不一样，她的眼光投向浩瀚的宇宙。李玩把她的小狗称作"爱因斯坦"，她的志愿是物理，她喜欢看天文展览，她谈论霍金的《时间简史》……她和世界之间有这么多的表达和链接！只要不是傻，任谁都能感知到李玩的心、李玩的情、李玩的爱。可是，这世界有太多长着眼睛却无法注视、长着耳朵却无法倾听、长着一颗心却无法感知的人，他们无法真正地对别人感兴趣。世界上最悲伤的事莫过于，彼此近在咫尺，心却不在一起。大人的头脑里塞满了重重的心事，绷着紧紧的弦，以至于无法稍作停顿，给孩子一个轻松的笑容和短暂的关注。

一个深情的少年，在人群喧嚣之中，没有一个人懂她。没有人愿意懂，也没有人能懂。

李玩是否太固执太任性？狗真的有那么重要吗？值得为了一条狗这么执着这么激烈地与大人抗争吗？

影片中李玩说了一句话。她很迫切地表示："我不是非要狗。"可惜，孩子这么明显的表达，也没有人想要去问问，不是非要狗，那你要什么？

李玩需要的是什么？她只不过是想要一份真心、真情、真诚、真实。有人真诚地真心地听她说，懂她，即使满足不了她，真诚真实也够了。

的确，李玩需要有人懂，需要有人看见她，看见她的深情、看见她的真心。但如果不能，至少，人们是真诚的、真实的，不要那么多的假装和遮掩。

李玩，虽然名字里有个玩，但李玩一点都不玩世不恭，她非常纯粹，非常纯真。

在李玩的堂姐李堂玩ipad、欣赏新文胸的时候，李玩在干什么？李玩在看书。相对而言，李堂没那么多痛苦，

第1章 孩子的心

李堂不知道自己的热情和爱在哪里,她只是觉得:"我总得喜欢谁吧!"

李玩对物理学真的是非常热爱,她的狗起名为"爱因斯坦",她英语演讲的主题也是有关物理的,她心心念念地要去看天文展。她知道自己爱什么喜欢什么,也知道自己不要什么。当高放吻她的时候,她说,我不想要这样。

这是一个非常好的孩子。她有着浓烈而质朴的深情,有着清醒而睿智的头脑。成年人竟然无法想象、无法欣赏、无法追随这样的少年。

三

李玩是孤独的,没有人真正在乎她的喜欢、她的热情、她的能量是在哪里,也许大人和李玩就是不在一个宇宙吧。大人自顾自地做着他们以为对孩子好的事情,当孩子不服从的时候,大人就倍感委屈、自恋受挫、恼羞成怒:我们为你付出这么多,你还想咋样?

大人难道不想看到孩子身上这种生机勃勃的能量和热情吗?他们只是嫌麻烦,这种能量的涌动会带来一些未知的变化，而大人已然疲倦的身体和脆弱的心灵疲于应付，他们对这个世界早已失去热情和好奇，他们只想安稳地、波澜不惊地生活；他们只是怕，他们担心这种能量的力量太大，孩子驾驭不了。但当高放的吻在李玩面前尴尬地戛然而止，李玩说，我不想这样。我们会看到，孩子是有能力控制她的能量的。

对于成长中的孩子表现出的无穷而新异的能量，大人会本能地觉得不安而想去抑制。在保守而逐渐老去的大人看来，这些能量有可能指向未知、冒险或伤害。实际上，如果加以适当的引导，孩子的能量可以安全地得到疏通，不仅令孩子和世界更亲密接触，也会给大人沉闷的世界带来新鲜活力。

还有一只狗呢，也许狗和李玩在一个宇宙吧。狗是默默的，它只是陪伴，它会听着，它不咋呼，不干涉，不评判。电影中爸爸吼着问，爷爷奶奶在你眼里还不如狗吗？我脑海中在设想，李玩的身体和大人在一个宇宙，她的心灵在另一个宇宙。大人可能更加强调因为身体因为物质因为血缘而建立的感情。但大人把孩子生下来，在她没能力谋生前，难道不应该负责她的衣食住行，照顾她的饮食起居吗？这些分内之事不应该再积累道德资本了。有了心灵与心灵之间能量的流动，有了彼此的看见和回应，感情才是彼此滋养的，才是美好的，才是能给予人力量的。纵使彼此之间有血缘和伦理关系，但双方关系里，只有一方的意志在咆哮，只有一方占据着道德高位，真正的感情就无从谈起。硬要比较不在一个维度的两个平行宇宙的话，李玩和狗在一起的那个心灵的宇宙可能会令她的灵魂更加安静、更加放松、更加自由、更加有力量。

可是，流向狗的能量和情感也被扑灭了。大人扑灭能量的方式有：（1）否认。就像真的存在着平行宇宙一样，大人也是真心不理解李玩的内心世界，狗有那么重要吗？所以，狗丢了就丢了，他们也不去找。（2）假装。再买一只差不多一样的狗。大人以为，情感是可以假装、可以复制的。（3）残忍。打狗，送狗，杀狗，吃狗肉。屏蔽了情感，就可以变得麻木。

最终，李玩投注了能量、深情和秘密的平行宇宙，不管是她和物理学共处的那个平行宇宙，还是她和小狗共处的那个平行宇宙，被另一个平行世界的大人入侵了、破坏了，大人所在的这个世界是她肉体之身所在之处，她不得不回来。现实生活中那些不想回到肉体之身所在的平行宇宙的孩子，则选择永远地留在另一个平行宇宙。

大人是疲惫和无奈的，他们也有自己的很多难题。就像爸爸，他是爱女儿的，但他被很多东西裹挟着，身不由己，他只能给出这么多了。爸爸是真的不容易。

也许，深深希望能被看到的李玩，也看到了爸爸的眼泪、爸爸的脆弱和爸爸的真实了吧？虽然有很多遗憾很多不甘，但李玩最终是与生活和解了吧？

溜冰场上那一幕，让人泪目。大人始终听不到孩子的讲话，"我站不起来了""你带着我溜"……孩子一直也没有等到一双温暖的手、一双注视着自己的鼓励的眼神。大人只是在自说自话："自己站起来。""这不就会了吗。"台上还有竖大拇指表示赞赏的家人。

这就是大人的世界。他们自以为是地贯彻着自己认为对的经验和规范，却怎么也听不到孩子的声音和表达。

众人喧嚣之中，没有一个人愿意看见她，懂她。李玩的深情在世界里得不到回应。为了适应大人所在的平行世界，李玩必须学会切割自己的情感，必须收回自己的一部分深情。她在最后遇见"爱因斯坦"的时候，李玩故作平淡地说:"我好怕它会认出我扑过来,幸好没有。"

这正是让人感到心痛的地方。无深情,不少年。长大,不应该是向深情告别。

真的希望,李玩还是那么纯粹、纯真,还保有一份对于世界的深情。

自体心理学家徐钧认为:"当一个人发现自己真正被人倾听,并且发现有另一个人真正愿意理解他时,他就会觉得与人性同在,并感受到人类归属。"少年,是多么渴望自己的深情能够被倾听、被看见,而不是置身于每个人都觉得对你好的人群之中却倍感孤独。

5. 生命

儿童是自然的、社会的、精神的存在。

——虞永平

一

儿童首先是自然的存在。

儿童作为自然的存在，作为生物体的存在，他既是脆弱的、也是强大的。他的脆弱之处在于，他要受制于生理的、身体的局限，受制于发展阶段的局限。作为生物体的人，要吃饭、要睡觉、要慢慢发展。吃饭既不能饿着，也不能一口吃个胖子；在能力的发展上也要慢慢来，既不能荒废了儿童体内发展的渴望和冲动，成日里无所事事，又不能揠苗助长，给他超越发展阶段的刺激。他的脆弱之处还在于，在他还小的时候，在很大程度上是要依赖于成人的。他似乎什么也做不了，一切要仰仗成人的给予。有时候，他会得到满足；有时候，他会感到受挫。但同时，这个小小的生物体又是强大的。在他体内潜藏着与生俱来的

第1章 孩子的心

本能和活力，要向这个世界释放和表达。这样的儿童真可以说是一个"成长中的雄狮"。他伸展着他的身体，睁大惊奇而喜悦的眼睛，向世界发出声音。他走向世界，去活动、去尝试、去探索。他开始成长，带给世界新的活力、新的气象、新的梦想、新的希望。

儿童作为自然的存在，作为生物体的存在，他的生理、生命的发展有其自然展开的规律和节奏，绝非人为的主观意志和有限认知所能掌控和改变。在儿童这样一个神奇的、自然的存在面前，成人应该有自知之明，应该有敬畏之心。我们应该去爱他、呵护他，不为什么，只为着一份天生的本能的怜爱之心。孟子说："老吾老以及人之老，幼吾幼以及人之幼。"每个人都曾年幼过，也都会老去。我们的世界之所以美好之所以不断向前，在于我们每个人在年幼时得到过世界的温柔和宠爱，长大了有力量、有雄心、有抱负、有责任建设社会，老了能安享晚年，世世代代，生生不息。我们爱他，因为他值得我们的爱，我们也有责任去爱他。我们爱他，给他呵护，给他帮助，给他赖以生存的食物和照顾，给他生长发育的环境和条件，但绝不会因此而积累道德资本，要他回报我们的辛苦和劳累，要他必须听我们的，要他必须照我们的意愿行事。如此，那只不过是把一个有着无限活力和可能性的、神奇而珍贵的生命当成了一

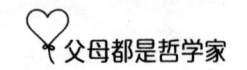

件物品、一个木偶。如此，我们便愧对这样一个仰仗我们、信任我们、无条件交付我们照顾和引导的生命。

二

儿童是社会的存在。儿童作为自然的、生物体的存在，需要阳光、空气、食物、水分、睡眠等维持和发展生命的物质。儿童作为社会的存在，同样也需要精神与智慧的食粮来发现和确认自我、丰富和扩展生命、释放和发挥潜能。

英国哲学家怀特海认为："生命有机体是凭借自己的内部驱动力来实现自我发展的。"[①] 他说，人类个体智力的发展是一个探索的过程，这一过程极具吸引力，是一个惊喜连连的过程。他这样写道："当一个人来到新的环境，他的大脑会被一堆混乱的观点和经验包围，处于一种发散的状态。这是一个探索的过程。在这一过程中，人们会有很多稀奇古怪的想法，会提出问题、寻找答案、发掘新体验，并通过新的探索有所收获。这个一般过程是自然而然的，同时也极具吸引力。我们时常能看到8岁到13岁的孩童被这一过程所吸引。这是一个惊喜连连的过程，那些破坏这些惊喜的愚人应该受人唾弃。""毫无疑问，这一发展阶段是需

---

① ［英］阿尔弗雷德·诺思·怀特海：《教育的本质》，刘玥译，北京航空航天大学出版社2019年版，第55页。

要外界帮助的，甚至需要他人的训练。孩子的大脑所处环境必须经过严格挑选。该环境必须适合孩子所处的成长阶段，也必须满足孩子的个人需求。从某种意义上来说，这一环境是外界强加给孩子的；但从更深层次的意义上来说，它又回应了孩子对生活的渴望。在老师眼里，孩子是在他的要求下，通过望远镜观察星空；而在孩子眼里，他们其实获得了一个自由体验壮美宇宙的途径。"[1]儿童的发展有内部驱动力，有强烈的渴望。成人要呵护孩子对于世界的深情和喜悦，回应孩子的渴望，给他们营造适合自身所处成长阶段的环境，提供他们所需要的帮助和训练，满足他们的个人需求。怀特海称孩子是千百年文明的继承人，老师的训练"应该满足学生们对智慧的自然渴望，因为智慧能让单纯的经验变得有价值"[2]。

美国教育家杜威在《思维的本质》中指出，儿童不论在什么地方都会发出"那是什么""为什么"的问话。"他的'为什么'不是对科学解释的要求。背后的动机只是迫切地要对于他所存在的神奇世界得到更多的认识。"[3] "学问

---

[1] ［英］阿尔弗雷德·诺思·怀特海：《教育的本质》，刘玥译，北京航空航天大学出版社2019年版，第45—46页。

[2] 同上书，第45页。

[3] ［美］约翰·杜威：《思维的本质》，孟宪承、俞庆棠译，台海出版社2018年版，第35页。

的冲动，是内发的。人在心理上和在生理上一样，有他的欲求，有他的饥渴。而环境中所有的食料，无论现成的或寻获的，最后决定他饮食的是什么，决定这欲求满足的方向。"①虽然儿童的发展有内在强烈的渴望和主动的内驱力，但这些内部驱动力"可以接受外界的激励和指导，也可以被其扼杀"②。因此，能给人印象最深的教师，"是能够唤醒一种理智的兴趣的，能够传导对于一项知识或技能探求的热诚的，这最紧要。有了知识的饥渴，则知识的探求随之；没有，则即使把儿童的心智装满了知识，也无用"③。

有了饥渴，有了兴趣、有了热忱，儿童的发展还需要有适合的环境和适合的引导。这对教师是一种挑战。怀特海认为教师要"通过满足学生们阶段性的需求，刺激他们的求学欲，让学生不断体会收获的喜悦，然后重新开始新一轮的学习"④。杜威认为，"教师有权为教师，正是因为他最懂得儿童的需要和可能，而能够计划他们的工作。有

---

① [美]约翰·杜威：《思维的本质》，孟宪承、俞庆棠译，台海出版社2018年版，第238页。

② [英]阿尔弗雷德·诺思·怀特海：《教育的本质》，刘玥译，北京航空航天大学出版社2019年版，第55页。

③ [美]约翰·杜威：《思维的本质》，孟宪承、俞庆棠译，台海出版社2018年版，第239页。

④ [英]阿尔弗雷德·诺思·怀特海：《教育的本质》，刘玥译，北京航空航天大学出版社2019年版，第28页。

许多问题,自己先要想到的。对于这一课,学生的旧经验、旧学习里,有什么可以利用的呢?怎样可以帮助这新与旧的联络呢?有怎样的需要,可用以作为学习的动机呢?怎样使这课的教材让学生会得到应用呢?这教材怎样能够个别化,使它具有显著的特质,而又同时适应他们的特殊的需要呢?这些问题,教师在课前应该自己想一想"[1]。"能够指示感发兴趣的目的又能够训练实行的过程,使得两方面圆融贯彻,这是教师的难题,同时也是他的报酬了"[2]。正是在这个意义上,可以说"教学是艺术,真正的教师是艺术者"[3]。

孩子不仅是自然的,更是社会的。孩子需要融入社会,沐浴人类文明的光辉,成长为真正的人,有思想、有情感、有理性、有个性的人。他们需要与人交往交流、需要表达情感、需要丰富的环境刺激来发展自己的大脑和智慧,需要形成独立的自我,发挥自身的潜能,为人类社会文明添砖加瓦,贡献自己的力量。

---

[1] [美]约翰·杜威:《思维的本质》,孟宪承,俞庆棠译,台海出版社2018年版,第247页。

[2] 同上书,第259页。

[3] 同上书,第259页。

三

儿童是精神的存在。

教育家虞永平指出:"儿童虽然初涉人世,但却有丰富的情感;儿童虽然时常表现其稚嫩和脆弱,但他却有独立的人格,并正在形成自己的个性;儿童经常处于被照顾的状态,但却有自己的需要和愿望。儿童需要尊重、需要公平、需要精神抚慰。"①

儿童是独立的、独特的个体,他不是谁的附属物,不是工具。随着儿童逐渐长大,他开始共享人类生活、共享人类文明,但儿童绝不是千篇一律的模样,绝不是流水线上的产品。儿童是具体的、生动的、个性的。每位儿童都有自己的情感、有自己的秘密世界。我们要理解儿童精神世界的主观性和独特性。儿童和成人不一样,儿童和儿童之间也不一样。

儿童的情感是丰富浩瀚的,是真诚纯粹的,是尤为打动人心的。他的情感来自人类内心深处最基本的对真、善、美的反应。他哭或者笑,悲伤或者喜悦,生气或者兴奋,都是最本真的,丝毫不掺杂任何的掩饰、伪装和功利。

情感是儿童最直接、最丰富、最灵动、最有力的语言,

---

① 虞永平:《论儿童观》,《学前教育研究》1995 年第 3 期。

第 *1* 章 孩子的心

它毫不遮掩地表达了儿童的内心世界，它忠实不欺地传递了儿童的声音，宣告着儿童饱满而生动的存在。有智慧的成人会通过儿童独特的情感世界，听到、看到、感受到儿童的内心，了解他的深情、他的渴望。善于倾听和了解儿童的成人，是有情感、有智慧、内心充盈幸福的人。他视儿童为珍宝，愿意牵着孩子的手，将孩子介绍给世界，也将更大更辽阔的世界带给孩子。他知道，世界是孩子的世界，孩子是世界的孩子。孩子与世界相互成就，而成人便是成人之美之人。

儿童的精神发展，需要能够确立自我。儿童意识到"自己"这个存在，是独一无二的，是有价值的。日本教育家河合隼雄认为，"这个独一无二的自己，能够清楚地认识心的内外状况，再根据这样的认识，自主地决定自己的行为，并承担责任"。怀特海也指出，这样一个自我发展的生命体，"在面对真实环境时，能彻底发挥自己的潜能，完成各种各样的活动"①。人在形成自我的过程中，需要得到外界的镜映和支持，需要心灵的关爱和交流，需要精神的丰富和滋养。一言以蔽之，儿童作为精神上的存在，在成长

---

① ［英］阿尔弗雷德·诺思·怀特海：《教育的本质》，刘玥译，北京航空航天大学出版社 2019 年版，第 55 页。

与发展过程中,需要得到来自父母、教师等重要人物的爱、关怀、尊重与自由;需要在丰富的、适宜的环境中汲取精神养料。

我们对生命、对儿童的认识和理解不是一步到位的,而是在不断发展,不断地更加接近儿童的真实。什么是儿童的真实?如何达成对儿童科学正确的认识和理解?答案不在于权威和理论,而在每一个不同的、独特的、具体的儿童身上。

我们认识和理解儿童的目的,是让儿童得到更好的成长。理论是好的,但理论终归只是一种工具,只是我们用来更好的理解和爱护儿童的工具。我们不能本末倒置,让活生生的真实的儿童服从抽象的理论。

6. 唤醒

菲利契：你最喜欢什么颜色？

米可：蓝色。

菲利契：蓝色像什么？

米可：像是骑脚踏车时，风吹在你脸上的感觉，或是像海。

——《听见天堂》

在《听见天堂》这部以盲人孩子为主角的电影里，我们感受到的并不是自卑、抱怨和无力。虽然，盲人孩子的生活中免不了会有艰辛和无力。眼前忽然模糊，世界顿时暗了下来，未来不知去向哪里，任谁都会觉得迷茫和绝望。更不用说，日常生活的艰难，不可避免的歧视，行走活动的不便……盲童的生活注定是不容易的。

即使如此，我们在这部影片里感受到的，更多的是美、爱、活力与梦想。

一

影片的开始，玩游戏的孩子们在原野上嬉戏，他们奔跑着，笑着，闹着。天空辽阔、高远，孩子们快乐、天真，世界呈现一种安然自在的美。影片中，到处都有美的表达。

米可与菲利契的对话：

菲利契：颜色是什么样子？

米可：棒透了！

菲利契：你最喜欢什么颜色？

米可：蓝色。

菲利契：蓝色像什么？

米可：像是骑脚踏车时，风吹在你脸上的感觉，或是像海。还有棕色，摸摸看，棕色像这树干，很粗糙吧？

菲利契：是很粗糙。那红色呢？

米可：红色像火一样，像是太阳下山的天空。

是不是很美？

眼睛能看得见世界、能看得到红橙黄绿青蓝紫的人们，会有这样的表达、这样的感受吗？不一定。人们通常只是能够辨别各种颜色之间的差异，而往往缺少了用柔软的、敏锐的心灵去体验每一种颜色，体验世界万物带给我们丰富的、独特的感受，我们更甚少能够用自己的语言勇敢地表达我们的内心。

第 1 章 孩子的心

米可用录音机完成唐老师布置的描述季节转换的作业。他的作品是《雨过天晴》。录制完成后，他放给法兰丝听。

法兰丝是凯索尼盲校帮佣的女儿，不仅有美丽的外貌，还有纯真的内心。孩子有着大人们所无法比拟的善感的、共感的心。孩子们的心灵是互通的，他们之间可以彼此理解、一呼即应。同伴可以更好地理解同伴。

风吹过，雨滴落，打湿了玻璃；雨过天晴，蜜蜂在向阳花间飞舞，蓝色的天空闪耀着太阳的光芒，照在两个小伙伴的脸庞上。

孩子原本是自然的孩子，是宇宙的孩子。他们原本与自然与宇宙血脉相连、呼吸与共。大自然的声音，唤醒了孩子身体与心灵深处的记忆，像是在轻轻告诉孩子：美，一直都在；爱，从未离开。

二

米可很幸运有很爱他的爸妈，有智慧开明的唐老师，有菲利契、法兰丝这些小伙伴。

美不仅存在于自然，更根植于内心。在那些温暖的、友善的、宽容的、智慧的人身上表达出的爱与深情，和自然一样美好。米可的父母是温暖的，他们善良、坚韧，虽然他们没有很多钱，在生活面前很局促，他们会心疼孩子心疼得不知如何是好，他们会流泪，会无奈。但他们真的会给孩子一种非常安心和安稳的感觉。孩子会知道，父母那里就是天，就是地，就是大海，就是港湾，就是家。

唐老师是米可生命中的重要人物，真正的为人师者，温暖、宽容、睿智。当米可任性地推掉点字笔，唐老师和其他孩子们说："没事，只是点字笔掉到地上了，大家继续。捡起来就行了。"

他给孩子们布置描写季节的作业。他问米可："有没有兴趣加入我们？"米可回答说："我不用，我可以看得见。"

唐老师说："我也看得见，但是还不够。当你看到一朵花时，你不想去闻闻它的味道吗？下雪时，你不想走在上头吗？捧着它，看着它在你手中融化。告诉你一个秘密，我注意到音乐家在弹奏时，他们会把眼睛闭上，为什么？这样可以感受到更强烈的音乐。音符会蜕变，变得更有力量。音乐仿佛变成具体的触觉。你有五个感官，为什么只用一个呢？"

第 1 章 孩子的心

当米可被校长批评，委屈伤心。唐老师去找他，给他带了录音机。老师明明知道米可在哪里，但他采用了一种有点浪漫的方式和米可交流。他假装不知道米可躺在地板上躲避他，假装给米可留了言。

他说："奇怪，他跑到哪里去了？我有东西要给他。给他留个字条好了。也许我们的批评太严厉了，所以我决定送你一样礼物，也许你会用得到。但别告诉别人，这是我们之间的秘密。可惜米可不喜欢学点字，所以他看不懂我的留言。我想那我还是拿走好了。我应该带走吗？（米可在床下回说："不要"）。我真希望米可学会点字，这样他就会读懂我的留言了。他会好好学点字吗？（米可说："会"）好极了。这里冷死了，怎么会有人想要躺在地板上。"

唐老师也有局限，也有脆弱，但他还是鼓起勇气去向校长表达了他的想法。他说："他们的眼的确是盲了，但他们充满活力，他们充满热情和想象力，我们不能剥夺他们表达自我的自由。""是你看不上他们吧？我知道他桀骜不驯，但他有自己生活的方式，一种独一无二的方式，去倾听生命，表达内心。他跟别人不一样，这没有什么不对。"

三

影片中，唐老师问："这个学校的意义是什么？帮助了谁呢？我们教这些孩子编藤椅，要顺从我们。我们号称能教出最好的编织工人和接线生。但事实上呢，我们剥夺了他们最美好的东西：他们的梦想。"

这样的质问震耳发聩，直指教育的内核。教育的意义是什么？学校的意义是什么？孩子们要成长为什么样的人？对于孩子们来说，真正重要的、最美好的东西是什么？

影片展示了两种不同的态度和观点。校长说："这个学校有一百年的历史，这里的生活一向平静，从没发生大问题。为什么？因为我们有规矩。也许有些人觉得呆板、过时，但他们可以学得一技之长，有能力在外头生活。""自由是我们盲人不能奢求的。我们没有机会，我们是盲人。"校长按部就班，严守规矩，不允许有一点越界和创新。他只希望这些眼睛看不见的孩子们老老实实在凯索尼盲校学得一技之长，平平稳稳地度过一生。他想不到这些盲孩子还有其他的可能性，他想不到孩子们即使眼睛看不见了，

第 1 章 孩子的心

但依然内在地拥有生命的活力和能量,他想不到孩子们生命的无限潜能。

他不敢想。也许是因为他作为他们当中的一员,从来就没有接纳过自己。他内心里其实是看不起盲孩子们,也是看不起自己的。他的偏见、他的严苛、他的动辄发怒,其实是因为他的脆弱、他的无助。米可很快就感觉到了:"他根本只是个可怜的失明老人。"

电影对教育意义这一问题的正面回答,就在孩子们身上,就在有着独特天赋、敢于梦想敢于想象敢于表达、桀骜不驯的、有着满满活力的米可身上。

米可虽然眼睛看不见了,但米可并没有像通常的残疾孩子那样,失去信心,变得低人一等似的。米可一直稳稳的,一直有一个坚定的自我,他没有缩首缩尾,没有惧怕权威。课堂上,他推掉了点字笔。他和菲利契在树上聊天,被维力欧嘲笑,米可说别理他们;但菲利契说,不,我们下去吧!米可也听从了。

没有被选中表演学校的节目,米可说:"我们可以表演自己的。我们的表演一定会更棒,用我们喜欢的方式。"

米可用心录制作业，结果被校长责骂。他感到委屈伤心，拒绝进食。

他带着法兰丝兜风，和小伙伴一起去戏院，他说："每个人都能进戏院，盲人也能看电影，因为有声音和对话。"他也勇敢表达对法兰丝的喜欢。

米可，不是顺从的，不是低眉顺眼的，不是畏畏缩缩的。他有天赋，有梦想，向往自由，勇敢追求。这就是学校的意义、教育的意义。这首先很大程度上源于米可有深爱他的、开明而温暖的父母，又有一位智慧、宽容、善于引导的好老师，还有一群可爱的小伙伴。一个孩子，在有爱的环境中，生命的活力被唤醒、被呵护、被引导，他敢于表达自己的感受，释放自己的潜能，建立与自然与他人的关系和链接，用自己的方式创造出独特的作品，同时得到快乐、满足和幸福。对于成人而言，没有其他别的什么目标能比这更值得去追求了。

当孩子们发出赞叹："太神奇了！声音好像！""酷，声音一级棒！我有被吓到。"

当孩子们在戏院里说："你看那个人笑得真夸张！哈哈

第1章 孩子的心

哈哈哈哈哈哈哈哈……"他们和影院里的人们一起笑得前仰后合。

当孩子们在学习枯燥的纺织技能的间隙,饶有兴趣地谈论着他们的表演节目,眉飞色舞,仿佛空气都变得和平时不一样了。

我们知道,在这些时刻,孩子的身体、孩子的内心、孩子的灵魂、孩子的生命在某种意义上被唤醒了。自我的种子要萌发了,要迎着世界的光亮欣欣然地成长了。

7. 美好

对有价值的美好事物的发现、欣赏、向往、享受和创造,就是生命对生命的、心灵对心灵的唤醒和启迪。

一

对孩子最好的爱,就是让他能够没有负担地享受生命的美好。

让孩子感受到生命的美好和愉悦:自己生命的美好愉悦,父母家人生命的美好愉悦,并且享受这种美好愉悦。这样的美好愉悦和享受,是没有负担的,不是欠着谁的,不是谁施舍的,而是生命本身就是这样的。生命本身这样的美好是给我,给你,也给他的。不是你多了,我就少了,而是足够的,只要你愿意就会源源不断的。

没有额外条件地对孩子好。这种好,是一种发自内心对于生命的喜爱与呵护。

什么是爱?什么是对孩子好?父母觉得爱孩子,但孩子

第 1 章 孩子的心

感受不到爱,是因为孩子不懂事所以理解不了这种爱吗?有一些家庭,明明经济条件还可以,妈妈偏偏要为难自己,孩子由于心疼妈妈而难受,由于愧疚而大哭,等等,诸如此类让人感到别扭的事情,逻辑上不通,到底是怎么回事呢?

所谓概念,都是人为定义的。对于究竟什么是爱孩子、什么是对孩子好这个问题,每个人都会有自己不同的看法和立场。

对于孩子来说,爱和美好意味着:有自由顺应生命的自发本能;自己的愿望和想法被看见;父母能回应和支持自己生命的欲望、本能和深情;能享受独一无二的、充分展开和绽放的生命;能够看到世界的美好,自然的、社会的、人性的美好和温暖,平静愉悦或波澜壮阔;能够看到父母享受生活的陶醉,日常生活的策略和灵活,遭遇困难的韧劲和平静,打开世界和视野的开放和广阔,人际交往的热情和温暖。当孩子能够感受到这些,生命对于他来说,就是一种值得开启的旅程,就是值得投入和享用的。

让孩子看到、享受生命的美好,让孩子为自己的生命骄傲,勇敢地尝试、打开、绽放自己的生命,守护生命中涌现的、自发的能量。这才是最高级别的爱。

反之，那些让孩子觉得自己是一个负担，让孩子为自己的出生和生命觉得愧疚和羞耻，让孩子压抑自己的生命意志和生命能量，让孩子感受的只是生命和生活的不易、灰暗，这都不是真正的爱，也不是对孩子的好，孩子当然也就感受不到。

二

孩子的心灵是纯粹无瑕的，孩子的眼睛是澄明无碍的，孩子的世界是直接通透的。孩子们可能经验不够丰富，知识不够深厚，逻辑不够缜密，但他们却拥有成年人无法比拟的直观而敏感的智慧。他们直接的观察、直观的感受往往能直抵事物本质。他们具有对真善美最直接的、最天然的感受力。

我们成年人常常会说，自己辛辛苦苦一辈子全都是为了孩子，吃苦耐劳、省吃俭用，一颗心全扑在了孩子身上，好吃的好喝的全紧着孩子，盯着他学习，希望他能出人头地、成龙成凤。这不都是为了孩子好吗？为什么孩子就是不能理解父母的苦心？为什么就不知道努力？为什么父母说他一句他能顶两句，要么就是不理父母？

请相信孩子吧！大人有大人的逻辑，有大人的立场，

第 1 章　孩子的心

有大人的苦衷。然而，世界并不是绝对客观的，世界也不是只有一种逻辑。孩子也有孩子的立场。孩子是用心灵去感受的。

大人们这样的倾诉，听起来就是压抑甚至窒息的。孩子听到这样的话，遇到以这样的方式对待他的父母，感受到的只是压抑和痛苦，他怎么会不抗议呢？能抗议的孩子，其实在某种意义上可以说还保留着生命的一些动力和能量，他们也正在用自己纯真美好的生命能量想要给父母的世界带去光亮和美丽。但可惜，成年人的世界已然缺失了接受美好讯息的能力和通道。

英国哲学家罗素认为，"从心理学上来说，父母应该成为背景，孩子的举动不应该以取悦父母为目的。父母的快乐应该在于孩子的成长和进步；孩子以回应的方式给予父母的任何东西，都应该当作纯粹的额外收获而怀着感激之情去接受，就像春天里的好天气，而不应该将其作为天经地义的事情来期盼。父母的行动应该考虑孩子，孩子的行动则应当考虑自身和外部世界。这是一种本质区别。孩子在对父母的关系上无须履行什么重要职责，他的职责是长身体、增才智，只要他这样做，健康的父母本能便会得到

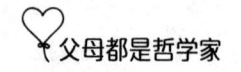

慰藉。"①

我想,罗素这样的表达厘清了父母和孩子的界限,解除了亲子之间某些沉重的捆绑,让孩子得以自由地、没有负担地去生活、去创造、去走向更大的世界。这很像我父母常对我说的一句话:"你们过得开心,是我们最开心的事。"普通的父母表达了和伟大的哲学家一样的思想。

孩子为什么感受不到爱?因为成人的很多行为本来就不是爱。爱是一个广为流传的词语,但每个人对爱的理解是不一样的,每个人践行爱的举动也是不一样的。

从审美的角度看,孩子感受不到与成人关系中的爱,那是因为这种关系不美。把生活弄得很苦,不美;一心盯着孩子,不美;期望强加于孩子,不美;总是想着教育孩子指点孩子,不美。

美的事物,是用心灵去感受的。成年人把生活过得有滋有味,就算不富有,也充满喜悦和乐趣,孩子能感受到生活即使平凡也很有趣,即使艰难也能乐观,而不是总在

---

① [英]伯特兰·罗素:《教育与美好生活》,张鑫毅译,上海人民出版社2017年版,第132—134页。

第 1 章 孩子的心

挣扎、抱怨、哀叹、为难；成年人自己的问题自己解决，不把过不好平凡日子的垃圾情绪倾倒在孩子的世界让孩子去化解，不纠缠孩子，不管控孩子，不评判打压孩子的生机和能量，有节制，懂边界，清清爽爽。如此这样，方可称之为爱；如此这样，孩子才能感受得到生命喜悦与爱意流动。

三

我要拔掉白头发，觉得它刺眼。女儿说，不用拔呢，它见证了你的成长过程。她虽然这样说，最后还是帮我拔了。我竟然很愉悦地相信了她的安抚和鼓励。

我煎不好饺子，其他人会指责嘲笑，我也觉得自己太笨。霖霖说，你会蒸饺子就蒸，做你擅长的，不一定要煎。我对自己这么多的攻击，没想到霖霖安慰了我。

因为接纳，所以治愈。成年人很多时候会因为孩子的话而心生感动，甚至流下泪水。成人们啊，也是多么脆弱！作为成年人，我们总是和自己较劲，为难自己，为难别人，也为难生活，过得非常拧巴，不得劲。我们不是怎样放松怎样过，怎么舒服怎么过，而总是有意无意地迎合着某种正确姿势和流行话语，讨好着某种似乎不得不遵守的评判标准。明明是自己的人生，却从来不在乎自己是否

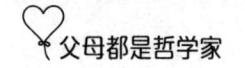

愉悦，似乎自己的感受一点都不重要。

朋友曾问我心理咨询起作用的主要因素是什么。我想应该是能够让人甩掉这样那样的束缚和执念，让人能感受到接纳和自由吧！没有"必须""最好""一定"等的限定，而是让人感觉到：人生是自由的，怎么样都可以，舒服的方式就是好的。在人生的局限和无奈之上也总能给自己些许自由的空间和美妙的体验。

我们对自己总是苛求，总会有一种深入骨髓的"不够好"的感觉，总不敢袒露真实的自己。我们总担心自己不够好所以不值得被人爱。我们会把自己分裂成好的和不好的部分，那些所谓不好的部分我们要去掩饰、要去纠正、要去弥补。可是，就在我们慌慌张张、小心翼翼想要拼命掩饰、纠正和弥补的时候，我们也失去了内心的真实和勇敢，关闭了我们生命中的整个能量源泉。

我们在掩饰我们认为不好的部分时，其实正是在拒绝和恐惧美好。因为我们潜意识认为只有我们够好才配得上美好，我们要把那些自己认为不好的部分抛掉。可是，如果我们认为自己总是不够好，如果我们不去迎接美好享受美好，我们又怎能变得越来越好呢？

第1章 孩子的心

我们对美好的事物，以及对美好事物的享受，似乎总是抵触的。也许，本质上是因为我们不能正视自己的欲望。我们内心深处对欲望有很深的羞耻感以及强烈的不配得感，这会让我们显得非常虚伪和猥琐。我们愉悦的时候不敢愉悦，快乐的时候不敢快乐，喜欢的时候不敢喜欢，爱的时候不敢说爱。我们不敢表达自己对美好的感受，不敢表达自己的欲望，我们担心自己配不上这样的美好，我们怕被嘲笑自私、庸俗、肤浅，我们担心被拒绝，这会让我们感到自恋破碎、无地自容。我们遮掩了欲望，也拒绝了美好。我们把生命之美好深藏了起来。

生活中，不仅有实用，也有美的元素存在；不仅有实在的有形的事物，也有无形的看不见的但影响我们心理的能量存在。忽略了美的事物，忽略了能量的流通，我们的心灵便是荒漠。真正的美的内核，都关乎人性的自由和绽放。流畅是美，自然是美，愉悦是美，接纳是美，善意是美，大家都美，才是真的美。

孩子的心灵澄明无碍，他们不遮掩，不虚伪，不加戏，他们用自己真诚直接的内心直抵事物本质，直抵美的内核，坦荡地表达，没有心理负担地享用。这正是希望和创造之源，正是生命之为生命的本义。

8. 秘密

　　孩子的成长，需要相当幽暗、私密、不被窥探与打扰、不被理性解释与评判的空间。在孩子这些隐藏了秘密、不堪甚或龌龊的幽暗空间里，同时也酝酿、潜藏着成长的能量。黑白相依、阴阳交替、明暗循环中，孩子的生理和心理也达到一种平衡。

一

　　哲学家老子著述的《道德经》博大精深。一千个人眼里有一千个哈姆雷特，同样，一千个人眼里就有一千种对于《道德经》的解读。在如何看待孩子的成长以及如何做父母这方面，《道德经》也让我们深受启发。

　　老子在《道德经》第二章说道："天下皆知美之为美，斯恶已。皆知善之为善，斯不善已。有无相生，难易相成，长短相形，高下相倾，音声相和，前后相随。是以圣人处无为之事，行不言之教，万物作而弗始，生而弗有，为而不恃，功成而弗居。夫唯弗居，是以不去。"《道德经》第

第1章 孩子的心

二十八章说，知其白，守其黑，为天下式。黑白、美丑、善恶、有无、难易、长短，这些看似反义和对立的事物实际上是共存的，共存于自然，共存于每一个人身上。万物有其自然之道，在自然运行过程中，那些看似对立的事物可以相互转化与促进，最终达到平衡。

实际上，对于万物而言，并无"黑白、美丑、善恶、有无、难易、长短"之概念。万物作，万物生，万物为，万物功成。万物浑然一体，万物自然运转，无所谓开始与结束、拥有与失去。"黑白、美丑、善恶、有无、难易、长短""开始与结束、拥有与失去"这些只是人为的概念。当人为地执着于万物的一面"白、美、善、有、易、长"，执着于"开始、拥有、成功"，我们就丢弃了万物的另一面，万物会失衡，会失去原有的自然运行与平衡之道。"道可道，非常道；言可言，非常言。"可以言说的、可以执着的都不是真正的道。真正的万物自然之道是不可言说的，是有限的言语所无法把握的。言语不能够指代自然本身智慧之万一。"是以圣人处无为之事，行不言之教。"圣人看到自己看到的，知道自己知道的，但并不据此以为天下真理，不据此去干涉控制、指指点点，而是依然谦虚，依然敬畏天道、自然之道、万物之道，"弗始""弗有""弗恃""弗居"，依然对自己所不知的部分保持开放和守望，所谓"知其白，

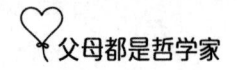

守其黑,为天下式"。

孩子的成长同样有其自然之道。从精子与卵子相互寻找那一刻,生命就开启了自然运作。生命的形成与诞生是一个神秘、奇妙而美好的过程。这个过程有我们知道的部分,但更多的是我们不知道的。即使我们有很多的不知道,也并不影响生命的形成与诞生。同样,在孩子出生后的成长过程中,我们同样应该保持谦虚和敬畏。孩子的成长,有我们知晓的部分,有我们可以言说的部分,但有更多我们不知道以及无法言说的部分。孩子的成长,也是"黑白、美丑、善恶、有无、难易、长短"并存。父母所要做的,便是"处无为之事,行不言之教""知其白,守其黑",孩子的成长,不是一定要掰扯得清清楚楚、明明白白,不是绝对要符合人为定义的"黑白、美丑、善恶、有无、难易、长短"的标准。孩子的成长,要容许有模糊的、暗黑的、在人为概念定义之外的地带。这个地带也许有一些黑暗的想法、有一些不为人知的欲望、有孩子不愿示人的喜悦和烦恼、有孩子只想自己知道的秘密。

二

人生不是像经典物理世界那样时时事事处处都精确定位、因果确定,而更像量子物理世界那样,活的是大方向

第 1 章 孩子的心

和概率。只要大方向是对的，只要整体上是好的，就可以容忍和忽略掉那些琐碎的和不好的部分。生命中的回忆、爱和温暖是永远留存内心的能量，让我们可以抵御严寒，原谅那些小小的挫折和伤害。

我们需要在一定程度上容忍混乱。在物理学中，熵是体系混乱程度的度量。根据热力学第二定律，孤立系统自发地朝着热力学平衡方向——最大熵状态——演化。或者可以说，没有某种动力的消耗或其他变化，不可能使热从低温转移到高温。作为父母和教师，我们处于孩子这一独立系统的外围。孩子的成长过程中，必然有着能量的耗散、重组和整合。我们需要忽略和容忍那些不必特别在意的或者说在一定程度上是必需的混乱和耗散，而去把握孩子成长的大方向。在孩子成长的大方向上以及在孩子成长的动力上给予孩子建设性的赋能，而不是总纠结于细枝末节，给孩子的身心成长增加无谓的扰乱。

有的父母把握不了孩子成长的大方向，心思和眼睛只盯在孩子生活中的一些琐屑小事上，管得太多，管得太细，表现为界限不清，不该管不能管的都想管、都想干涉，尤其是一些非常无关紧要的小事上。有些成人甚至在孩子穿什么衣服或者饭菜的咸淡这样的事情上和孩子一争高下。在许多小事上上纲上线，揪着一点小事一点小错，必须掰扯得清清楚楚、明明白白，必须把孩子怼得无地自容、无处可躲，实乃许多成人一大乐事。然而，这些行为举动也实在是格局不大，只顾争个你错我对、你输我赢、你不行我厉害。如此一来，孩子不得不分散额外的能量来应对父母，孩子成长的大节奏大方向反而被干扰了。

  作为家长和教师，要有大格局，要有从大方向上看待孩子成长的胸怀和能力。我们成年人之所以为成年人，正在于我们之于儿童而言是这个世界的先到者，我们有经验、有智慧，我们更能对事物的发展有整体的判断。作为家长和教师，我们要有智慧去分辨什么对孩子来说是重要的，什么是可以一笑而过的。

  如果家长和教师缺乏这种格局和能力，不具备有关儿童生命发展与成长的知识和理念，那么他们的行为就往往会走向教育的反面。一些家长和教师喜欢纠正孩子，喜欢在一些小事上斤斤计较。计较，本质上是一种情绪的发泄。爱和孩子计较的成年人，心理空间的容量还不够大。孩子不管做个什么事都要被成年人纠正一下，孩子感觉到动辄得咎，这是不利于孩子成长的。在那些诸如杯子放的位置是不是完全符合标准，坐姿的角度是不是很精准这些小事上，不要和孩子较劲，不要把一个孩子驯化得像个机器人。

要从大的方向上看,只要这个孩子是健康的、有活力的,能说能笑能跑能跳,小的地方不要那么在意。

三

尽管在总体上我对孩子是耐心而温和的,但也会在一些时刻忍不住吼出声来,忍不住发发脾气;尽管我认为要依照孩子的兴趣,不强制给孩子报这个班那个班,却也会在暑假里做一个接送孩子往返羽毛球钢琴等培训班的忠实司机。

孩子对我这样的妈妈一定有过不满、有过失望,因为这个妈妈可能会有这样那样的缺点和不足,有时候不够聪明、不够温柔,有时候会表现出脆弱、无能、格局小、孩子气。但是,孩子能给妈妈打分到 90 分或以上,已经让我这个老母亲受宠若惊了。因为这说明在整体上,我这个妈妈还是给予了孩子基本的尊重、自由与本能的爱,孩子也从整体上感受到了妈妈的态度和妈妈的心。

身为父母,在最初养育孩子的时候,可能都会有这样那样的纠结,都会有那么一些战战兢兢如履薄冰,都会患得患失,时而生气时而懊悔,甚至会在一件事过去很久很久之后,还会设想当时应该怎样就好了。其实,父母懊悔的那件事，孩子早就忘了。父母对孩子的影响是整体性的，孩子感知父母的爱也是整体性的。

作为父母和教师，我们要从整体上去看待孩子的发展与成长。看到一个孩子整体的生命力和能量，看到他对生命的喜悦和渴望，看到他对世界的探索和畅想。也许，孩子在行为上有些任性、有些毛毛糙糙，在想法上单纯而不够成熟，有些这样那样的小问题小毛病，这些是应该被允许的。

无论是父母还是孩子，都是真实的人。他们既不是神也不是机器。他们都会有人的脆弱、人的局限，他们都会有这样那样的缺点和不足。重要的是，他们都能够在脆弱和局限之上，勇敢地投入生活的洪流之中，既对抗着琐碎人生日复一日的倦怠和幻灭，也迎接着世界亘古不变的暖阳、微风与春天。

没有哪个人是完美无瑕的。

没有什么事物一定是绝对的。

也没有什么是一定要孜孜以求的。

对于未来和命运，人们所能预言和把握的实在有限。所有头脑的执念，都是人们有限认知的产物。我们可以去向往和追求我们以为有价值的事物，但没必要过度和过分。罔顾自身限度而去过度追求一个头脑中的执念，大概率会被执念反噬。物极必反，平衡、圆润、中庸、量力而为……老话还是很有道理。

绝大多数孩子都能成为一个心智正常而善良的人，根本上在于父母本能地对孩子的爱、信任和基本的是非观。或者可以说，每一位能够坚韧地生活着的、不慌不忙的、即使遭遇了风吹雨淋日晒心中依然有日升月落的人，都是生活的勇士与智者。这样的人，不会急吼吼地，不会无限贪求，不会非此即彼，不会陷入一个执念。他们的根深扎于大地，他们的眼光看向远方，他们的心中有星辰大海，不懊悔过往，不焦虑未来，只待在当下的生活中，云卷云舒，花开花落，他们自己以及孩子都是宇宙的一分子，自然成长，从容生活。

四

孩子的成长，需要相当幽暗、私密、不被窥探与打扰、不被理性解释与评判的空间。在这样的空间里，可能隐藏了孩子的一些秘密、一些不堪，甚至一些龌龊。成人们无须揪着不放、如临大敌、一定要将之曝光、一定要进行批判、一定要置之死地而产生一种挽救孩子于悬崖的快感。这不是一种有智慧的表现，相反却是一种短视和无知的表现。

就像一粒种子、一株植物、一棵大树，在它们所赖以生存的土壤里，不只是有营养，也存在有害的成分和生物。在孩子这些隐藏了秘密、不堪甚或龌龊的幽暗空间里，同时也酝酿、潜藏着成长的能量。黑白相依、阴阳交替、明暗循环中，孩子的生理和心理也达到一种平衡。

生命成长的一个必备要素就是拥有自由的时间和空间。在这样一个时间和空间里，你可以做你想做的。没有人逼你，甚至没有人知道你在做什么。在这个不为人知的私密的时空里，你想怎样都行，想错了也没关系。正因为这般自由，反而会有正常轨道上出不来的创造、想象和美丽。

我们的认知和理性不必也不可能对每一件事都分析得鞭辟入里。我们不能将孩子的生活世界和心灵空间完全置于强光之下，这非常残忍，也不符合人性。

随着孩子身心的逐渐发育、认知经验的不断丰富，他们成长中那些正向的、主导性的能量会更加强大。此时的孩子也更能够涵纳自身那些隐秘的、似乎无法与人言的难堪和羞耻。随着慢慢长大,随着智慧渐增,那些因为自己年龄和身心成长未达到一定阶段因而尚且无法处理的一些小小心思,那些曾经令年幼的孩子担心、害怕、恐惧、无助的念头或事情,或许都随风而去了。长大了的孩子,回想起曾经的年少时光,也许会觉得幼稚,也许会觉得好笑,也许会心疼那时还小小的自己,但他们可能更会感谢默默守护默默陪伴但并不咄咄逼人的父母。孩子们想起,父母似乎知道一些事,似乎知道自己的小心思,但他们并不窥探,也不说破,更不会将自己拉出来审判。

孩子们想起,父母似乎也有担忧,也有害怕,但他们默默地承受着,不会把他们的担忧和害怕不顾一切地抛出来宣泄。他们也并不远离,他们一直都在默默地守护。

孩子们想起,父母也不是神,他们实在忍不住了,也会含蓄地提醒一两句,也会急躁地敲打一下下,但他们始终会保持该有的距离和边界,不会强硬地破门而入,将孩子们的世界赤裸地扯开掀翻进行羞辱。

孩子们感谢父母,感谢父母一直都在的守护,感谢父母默默承受和化解压力的胸怀,感谢父母能够尊重孩子也尊重自己的格局和智慧。

9. 羞耻

"我每天到你家接你,我们出去喝酒笑闹,那很棒。但我一天中最棒的时刻,只有十秒,从停车到你家门口,每次我敲门,都希望你不在了,不说再见,什么都没有,你就走了,我懂得不多,但我很清楚。"

——《心灵捕手》

一

教育之上,首先是人。

不了解人,就无法谈论教育。

人是什么样的?

人首先是一种生物,是生理上的存在,需要遵循自然的、生理的、物质的规律。但人绝不仅仅是生理上的存在。一头猪、一只羊,只要有吃有喝,即可以维持生命;在被宰杀的那刻,聊以做些无谓的挣扎便结束了其生物性的存在。但人不是。人有意识,有理性;人有尊严,有精神。

第1章 孩子的心

人会反思生而为人的意义：我是谁？世界于我而言意义何在？我会为这个世界带来什么？

我们每个人都会思考这样的问题。我们每个人都像是哲学家。这些看似形而上的哲学问题实际上深深地影响着我们每个人的心理和行为。

孩子也会思考这样的问题。这些形而上的、关乎人生意义的问题，对于孩子来说，就变成了这样的问题：我受人喜欢吗？我是因为什么得到他人的喜欢？我重要吗？我为什么对他人是重要的？

作为父母和教师，我们给孩子们的答案是什么呢？

第一种答案是这样的。"孩子，我喜欢你，因为你聪明、乖巧、懂事、可爱，因为你优秀、出类拔萃。"

第二种答案是这样的。"孩子，我喜欢你，是因为你是你。你来到世界，拥有了无比珍贵的生命。你为世界带来清新的气象和生生不息的希望。在你还是孩子的时候，成人有责任照顾你、呵护你、爱你。你的生命里有着谁也无法说出的能量。我们一起怀着欣喜，怀着期待，去迎接生命每一天里的快乐和收获。"

在孩子还很小的时候,在孩子对世界还一无所知的时候,我们的世界、我们的成人,用自己的言行举止、用自己的态度告诉孩子:"你很珍贵,你很重要,勇敢地去释放自己的天性和潜能,为这世界带去你独特的声音、独特的天赋、独特的价值。"在成人这样的态度里,孩子因此获得了对被爱的确认,对自我的骄傲,对生命的信任。他知道,他之所以被喜欢之所以重要在于生命本身,在于生命本身蕴含着的潜能和希望;他知道,他可以获得成人无条件的呵护和关爱。在这样的自由和爱里,他可以从容不迫地、不急不躁地释放他的本能和天赋,为世界奉献自己的价值。

如果我们的态度是:孩子,我喜欢你,是因为你聪明、乖巧、懂事,可爱,因为你优秀、出类拔萃。那么,孩子就难以为自身自豪,难以发现内在的能量和动力,他可能会为了获得认可和赞誉而去追求一些外在的东西:分数、第一名、金钱、名誉头衔……但这些不是基于自己的内心也不是基于自己的生命本身,即使获得了第一名、获得了金钱、获得了荣誉,他的内心依然是空虚的。如果得不到,他会感到羞耻,对生而为人的羞耻,对生命本身的羞耻。而羞耻,对生命本身是毁灭性的。

第1章 孩子的心

二

电影《心灵捕手》中，威尔为什么是那个样子？为什么不珍惜自己的天赋？为什么不敢说出自己的爱？为什么不敢交付自己的真心？我想，这是因为他对自己有一种深深的羞耻感，生而为人的羞耻感。小小的他被虐待，心灵恐惧而绝望。他不知道自己做错了什么。他明明什么都没做，他没那么坏。年幼的他不理解为什么会受到虐待和惩罚。所以，他只能认为他不该生而为人，他整个人都错了，他不该在这个世界上生存。他只能用浮夸的、狂妄的言行掩饰自己的害怕与不安。所以，当心理咨询师尚恩说"这不是你的错"时，直接抵达了威尔的内心深处。这不是你的错，生而为人，你值得。

尚恩对威尔说，这不是你的错，这不是你的错，这不是你的错。一连说了好几遍。威尔号啕大哭。这句话很大程度上解开了威尔的心结。

威尔的这个心结，本质上就是一种羞耻感，生而为人的一种羞耻感。他被虐待辱骂，他以为是自己的错，他明明没做错什么，但幼小的他无缘无故就会招致殴打和辱骂，他只能认为自己的存在是个错误。所以，他深深感到生而为人的羞耻。这种羞耻感让他把自己坠入尘埃，让他闪躲，让他遮掩，让他防御，让他攻击。他不敢以真实面目示人，就算他有惊人的才华，他也只是解完题后快速离开；他与人交往，也只是夸夸其谈，只会在表面上评判别人，抛出许多貌似高深的用词，用以支撑自己的自尊。

我们要面对这个世界，要面对人群，要面对每日的生活，着实不是一件容易的事。面对是需要勇气的。我们的肉身，不管是有多么强壮的肌肉，也不管是有多么好看的颜值，都需要有内在的支撑。这种内在的支撑，最核心的便是一个人被好好爱过，被好好对待过，他感觉到自己的重要，他获得了为人的尊严。如此，他便拥有了面对的勇气。如果没有被好好爱过，真实便意味着羞耻，自己的肉身便是一种累赘。羞耻感，一种强烈的让人觉得自己是个错误的感觉、让人觉得自己不配的感觉，只会让人想逃，只会让人虚张声势，只会让人假装狂妄，只会让人轻易就扯起抵御和反击的大旗。

面对史凯兰的痛，面对史凯兰说"我爱你"，威尔不敢回应"我爱你"，他不敢说出口，他担心自己不配，他是那么害怕和恐惧。他咆哮着说："别耍我，别耍我！"他说：

第1章 孩子的心

"下礼拜到了加州,你可能会发现不喜欢我的地方,你会希望你没说过这些话,但这是没法收回的事。"他不想再招致羞辱。因为羞辱已经得到太多太多了。他担心最后仍然是羞辱一场。

三

尚恩作为威尔的心理咨询师,当然是疗愈威尔的关键人物。除了尚恩,威尔身边的朋友查克和史凯兰也都温暖着他,都像温柔的潮水一样慢慢地触碰威尔坚硬的心房。

只有爱的光芒和荣耀,能够驱散羞耻感的阴霾,能够让人内心充盈、目光坚定地投入生活之中。

爱,首先是真实真诚和兴趣,一种想要建立关系的意愿和努力。

尚恩在威尔的咨询中,带给威尔的首先是真实。在第一次咨询中,当威尔口无遮拦地评判尚恩与夫人的关系时,尚恩生气了,他抓住威尔警告了他。尚恩珍视夫人,也珍视自己和夫人的关系,他不允许外人不加了解就随意用亵玩的口吻进行评说。尚恩真实的反应是弥足珍贵的。这种珍贵之处至少在于:第一,尚恩是真的把威尔作为一个人看待的。虽然尚恩生气了发怒了，但这也意味着威尔的话对尚恩是有影响的。威尔的言语触碰到外在的世界并反射回来了，这种触碰和反射其实意味着关系有可能开始发生了。威尔开始和世界发生真实的联系了。假如，我们并不在乎一个人，那这个人说的话对我们就毫无影响。假如，我们并没有把一个人视为实实在在的、真实的人，那这个人不论说什么，我们都不会真正听见。正所谓爱的反面不是恨，而是无视和忽略。威尔的前几位咨询师给人的感觉就是这样，他们似乎并不是在和威尔这个人交流，他们的笑容和他们的反应都不够真实也不够真诚。他们只是在和固定的套路周旋，他们只是在琢磨着怎样应对威尔的语言，至于威尔言语中表达了什么情感，威尔整个人是一种什么状态，他们并不关心。威尔这么敏感的人，当然会很快觉察到咨询师的不真实与不真诚。但尚恩不一样，他是真诚地想要了解威尔。尚恩说："也许我可以通过'知识'来看你，但那不是你，除非你愿意谈谈你自己，否则我不知道你到底是谁。"

第二，当尚恩对威尔的评判和冒犯感到生气，并表达了自己的愤怒后，依然预约了下一次咨询。这样的行为给了威尔很好的示范。这让威尔看到，表达真实的情感并不会带来关系的破裂或损坏。尚恩对威尔冒犯到他的行为作出反馈后，并没有彻底否定和放弃他这个人。但其他几位咨询师不是这样，他们被冒犯后就拂袖而去。

或者说，尚恩有真诚的意愿想要和威尔建立关系，他对威尔作出任何行为都有心理准备。正因为有这么真诚的意愿，尚恩不会假意地、讨好地试图维持一种表面的和谐，也正因为尚恩对自己真诚的笃定，他才敢于对威尔的冒犯给予真实的回应，不管是威尔的冒犯还是尚恩的真实回应都不会让这段关系戛然而止。从某种意义上说，威尔所需要的，正是这样真诚而稳定的关系——对方有真诚的意愿，并且不会因为自己犯了错就被抛弃。这样的关系，可以涵纳脆弱，可以允许真实，可以让人接纳自己从而获得勇气。

四

在遇见尚恩之前，威尔在自己的生活和交往中处于一种悬空状态。他好似驾驶着空中飞行器，胡乱挥舞几个招式，便随时想要逃走。他不敢落地，似乎大地里有着深不可测的恐惧；他不敢久留，似乎再多一秒就会被人看见自己的不堪；他不敢面对，似乎世界给予他的都是恶意和羞辱。他觉得自己看透了。他用来应对生活和人们的工具差不多就是夸夸其谈、评判、防御、攻击和逃走。他没有体验过所以也无法尝试其他可能的更有效的工具，比如真实，比如勇敢，比如面对。

尚恩教他了。尚恩帮威尔慢慢落地，从狂妄的、浮夸的空中慢慢踩在大地上，慢慢走入真实世界。深呼吸、感觉、勇敢面对：并没有什么可怕的事情发生。没有人是抽象的、完美的。就连作为咨询师的尚恩也是真实而不完美的。人不是可以无条件匹配外界要求、迎合他人的物品，不是工具。我们都是肉身凡胎，都是会呼吸的活生生的人，都是有局限有缺点的人，都是真实的人。每个人都是这样的人，你、我、他都是这样的人。所以，不必为此感到羞愧，不必为此感到羞耻。我们无端招致的非难和屈辱，是别人的错，不是我们的错。

爱是，允许你做自己而不愧疚；爱是，双方都可以表达真实而我们的关系依然还在。

做自己可以吗？表达真实可以吗？

威尔在咨询室里沉默，是可以的，是允许的，他没有失去尚恩；威尔离开好朋友查克，去找史凯兰，是可以的，他没有失去他的好朋友查克。甚至，是查克告诉他，他应该去做配得上他才华的事，这是查克最愿意看到的。查克

第1章 孩子的心

说:"我每天到你家接你,我们出去喝酒笑闹,那很棒。但我一天中最棒的时刻,只有十秒,从停车到你家门口,每次我敲门,都希望你不在了,不说再见,什么都没有,你就走了,我懂得不多,但我很清楚。"

尚恩说,真实,让我们选择谁进入我们的生活。是的,我们不能取悦所有人。万千人群之中,有缘的终归是有缘,相互吸引、相互欣赏,就像威尔和好朋友查克,就像威尔和尚恩,就像威尔和史凯兰。无缘的终归是无缘,不可强求。就算是把自己伪装得很好,仍然无法获得所有人的认可和喜欢。

那些让我们为自身的存在感到羞耻的人,他是把对其自身的羞耻投射到了外界。他所羞辱的实际上都是他自己,因为他无法面对真正的自己。所以,这不是我们的错。

不知有多少人都带着这种深深的羞耻,无法面对一个真实的、不完美的、有局限的肉体凡胎。当我们不敢正视自身的局限和瑕疵时,我们就会放任自己的自恋幻想无边无际:幻想有一个更值得更配得上世界的抽象的人。这种无边无际的完美设想和自恋狂想,如果没有爱来承接,就必然是生命的梦魇。

在完美的极端要求下掩盖的是脆弱和恐惧。因为没被爱过,没被允许,我们幻想完美才是对的,才是可以讨好外界的，我们认为自身总是不够的。但实际上，客观上的完美永远不可能存在，没有抽象的完美也没有抽象的人。真实的、具体的、活生生的人的呼吸和笑容，带着温暖，纵有局限，也是明媚而动人的。

10. 善意

孩子的成长,需要一个安全而善意的环境。

世界向孩子表达的最大善意,就在于世界愿意相信孩子心存善意。相信我们只要给予光芒,孩子就会自然成长;相信我们的真心能召唤孩子的真心,我们的善意能召唤孩子的善意;相信美能召唤美,爱能召唤爱。

一

在央视新闻公众号上那篇《在爱你这件事上,他比谁都懂》的文章评论里,我看到一位年轻妈妈的留言——

"今年夏天刚拥有了小宝宝,以为小月龄的宝宝什么都不懂,慢慢在她出生的50天里发现,你对她越多的爱心耐心,她也会回馈给你,你越急躁她也会更加哭闹。小小的婴儿也在感知父母的爱。生命真的很神奇。愿我们都能做个好父母,对宝宝多些耐心和爱心。"

这是位年轻、敏锐、聪慧、温柔的妈妈,她在小月龄的宝宝身上的发现,堪比科学家。

妈妈就是宝宝的世界。宝宝从妈妈的眼中看到世界，看到自己。妈妈的状态，妈妈的心跳，妈妈的表情，妈妈的眼神，带给宝宝关于世界的整个讯息。当宝宝感知到妈妈的爱心、笑容和温柔，她是安心的，她便知道这世界也是温柔的、善意的，她便知道自己也是温柔的、善意的。

生命与生命之间的影响很神奇，这种影响不在于告知，而在于感知。甚至可以说，这种影响的神奇之处在于，它是无形的，是一种能量形式的感应与传递，是一种氛围的觉察与呼吸。

孩子的成长需要一个善意的环境。大脑和心灵首先感知的便是外在世界是否安全、是否善意。孩子需要感知到，世界是善意的。

在孩子进入世界的时候，他希望世界是善意友好的，是开放包容的，是欢迎他的。他希望世界能看到他内在的动力和深切的渴望，看到他是多么热烈地想要和世界建立链接，他有多想要参与世界、拥抱世界，他有多想表达对世界的爱与深情。他的眼睛想表达，他的嘴巴想表达，他的耳朵想表达，他的小手想表达，他的整个身体和心灵想表达，表达他汹涌的无以言说的内心和激情。

然而，他又是怯怯的。他的动作可能笨拙而莽撞，他

第 1 章 孩子的心

的言辞可能不那么确切而容易引起误解,他可能会犯错,可能会一不小心就把事情搞砸了,他并不会准确地符合外界的想象和期待。他是一个有着这样那样局限的普通的孩子,他不完美。他希望世界能够理解,能够鼓励,能够宽容。他希望世界能够相信,相信他并无恶意,相信他来日方长。他只是还小,还不知道如何向世界和人们奉上他的一颗真心,他只能说:"请相信!"

世界向孩子表达的善意,就在于世界愿意相信孩子心存善意。

一位大学生直言:"作为上了十几年学的学生,我一直很讨厌光凭一些事就说我不行的大人。""记得刚进入初中时因为不适应,以至于第一次数学考得不理想,当时妈妈就很生气说怎么考得那么差,渐渐的可能就觉得自己或许真的不行,对于数学也没有什么信心。"大人们有时候真的是太迫不及待地要去评价孩子。对孩子在成长过程中暂时性的一些错误和退步,他们急于表达自己的不满,并且试图通过指责、讽刺、挖苦等方式,通过让孩子感觉到惭愧或羞耻的方式促使孩子改正错误,以达到父母期望的目标。殊不知,这样做伤害了孩子的自尊心,也损害了孩子内在的动力。

所幸，这位同学遇到了不吝给予她鼓励和赞赏的同桌和老师。她说："直到后来有一天做数学题和同桌交流时，她说了句我觉得你数学其实很好耶，那是我第一次觉得自己或许在数学方面不差。之后数学老师对我说你的数学很有灵性，渐渐我对数学有了些许的喜爱，也对它很认真，到高中毕业时，让一些人痛苦不堪的数学一直是我最喜欢也最拿手的学科。没有一个学生会讨厌鼓励的话语，一个小小的鼓励可能会对他们有很大的影响，可能说的人已经忘了，但是对听的人而言，它能鼓舞激励他好久好久。"

小小的赞赏和鼓励之所以重要，之所以会对孩子有那么大的影响，是因为鼓励和赞赏传达出了世界对孩子的善意和信任。我们信任孩子内在的动力、信任孩子的本性总是向上向前向好的。这种内在动力的实现之旅可能会遇到一些小小的挫折和障碍，可能会有一些迂回和波动，但它总是会向前的，它需要充分的时间和空间去展开。我们赞赏和鼓励是在向孩子说，我们愿意耐心守候，愿意拭目以待。

在这样一个善意的环境里，在这样一个充满赞赏和鼓励、宽容和相信的环境里，孩子身体里的无限潜能和智慧会慢慢被唤醒、被激发。他放心大胆地进入世界，全身心

第1章 孩子的心

地参与世界、拥抱世界，从容不迫地在世界面前展现出独一无二的自己。他心怀感恩，他勇敢无畏，他有憧憬有梦想。他知道有长长的时间和无限的空间可以施展可以绽放，他不用急吼吼，不用把能量耗费于无谓地辩解与证明，不用把能量耗费于抓取和哭求一份薄薄的施舍与同情，不用担心爱与善意突然撤回或者消失不见。他知道，爱一直都在，善意一直都在，满满的，充盈的。

二

电影《送你一朵小红花》里，韦一航在深夜的瓢泼大雨中对马小远说："你趁我酒劲还在，你让我先说。我这个人，走路喜欢挨边走，坐公交车我必须得坐在最后一排，我不想跟任何人产生联系。我怕我刚把我的真心掏出来，我就死了。"

孩子们有真心，有善意，有爱，有深情。如果他们看起来内向退缩，看起来一脸冷漠，看起来叛逆不羁，看起来无法沟通，那或许是因为他们不敢相信，不敢相信世界相信他们。他们担心世界看不到自己火热的内心，他们担心被嘲讽、被贬抑、被误解。他们不敢冒险。与被嘲讽、被贬抑、被误解相比，他们宁愿把自己的真情小心翼翼收起来藏好，不让人看到。他们宁愿被人说内向、自闭、退缩、冷漠、叛逆、特殊、古怪，他们却不敢打开自己的心，不愿自己的真心被无视、被羞辱、被轻看。

孩子们的真心、深情和爱，不是突然的爆发，不是刹那的冲动，也不是瞬间的表演。这样的真心、深情与爱，是恒久的，是一条清澈纯粹的河流沿着土地唱着婉转悠扬的歌，是一朵洁净温柔的白云在广袤的天空跳着畅想的舞。它是至真至善的，它是至纯至美的。它需要用心感知，用爱守护。匆忙敷衍的一瞥，只言片语的评判，欣赏不了它，感知不了它。

孩子们希望有充分的时间和空间展开自己的生命。如果生命不能在充分的时间和空间里展开与呈现，如果人们不是从整体上从大方向上来看自己，如果人们仅仅凭着有限的言语与行为来评判自己，甚或只是选择性地根据一些行为或言语上的失误和瑕疵来断定自己，孩子们担心人们看到的自己是不完整的，孩子们担心人们看到的不是真正的自己。如果是这样，他们宁愿不开启自己的心。他们宁愿保有那一份纯粹和完整。

第 *1* 章 孩子的心

孩子想要看到世界的善意，想要世界感受自己的善意。世界能够感受和相信孩子的善意，就是这个世界给予孩子的最大善意。孩子需要世界给予时间，看到他的全部，包容他暂时的过失，容许他慢慢展开自己的生命。这样，孩子就不用着急了，就不用急着证明自己了。

如果可以，我们得到爱的庇佑，被允许真实和自由，也许我们才可以呈现出真实完整的自己。虽然这个完整的自己里，有付出也有自私，有勇敢也有怯懦，有光明也有阴暗，但这个完整的自己一定会闪耀着真善美的光彩，一定会有无尽的潜力。

三

布琳·布朗博士在其著名的 TED 演讲《脆弱的力量》中指出，如果把她遇见的人们分为两类，一类是"拥有自我价值感的人（他们勇于去爱并且拥有强烈的归属感）"，另一类则是"为之苦苦挣扎的人，总是怀疑自己是否足够好的人"。区分那些敢于去爱并且具有强烈归属感的人和那些为之苦苦挣扎的人的变量只有一个，就是那些敢于去爱并且具有强烈归属感的人相信他们值得被爱，值得享有归属感，他们相信自己的价值。布琳·布朗指出，那个阻碍

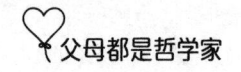

人与人之间关系的最困难的部分,是我们对于自己不值得享有这种关系的恐惧。

我们生命早期中的爱以及充满爱意的照顾者是我们发展的基础,是我们长大以后得以发展出以有意义和健康的方式与他人进行链接的能力。① 如果我们在小时候得到了照顾者的爱,在长大以后我们更能勇敢地和他人建立关系。在一段好的关系中,我们知道自己的好,知道自己就算是有局限的,也依然会被爱,我们接纳自己的真实,会更有勇气和力量。

在关系中,我们通常会在内心追问:"我是值得的吗?我值得别人为我付出爱吗?爱会撤回会消失吗?爱会一直在吗?""当我表现出真实的自己,可能有些傻,可能有点自私,可能不会那么周全……人们会怎样看我?他们会以为我是坏人吗?他们会指责我不该这样吗?他们会转身离开吗?我要掩饰自己吗?"

其实,我们每个人都很想向别人、向世界表达自己

---

① [美]布鲁斯·D.佩里,[美]奥普拉·温弗瑞:《你经历了什么?关于创伤、疗愈和复原力的对话》,李镭译,中信出版集团2022年版,第73页。

的善意,也希望看到世界的善意。我们想对世界说:"请相信,我是好的。"当我们出了丑,当我们犯了傻,当我们冒犯了别人……如果遭到不分青红皂白地责骂,如果遭到劈头盖脸的侮辱:"你怎么这么不争气?""你太令人失望。""你好不了了。"……我们会很伤心,很沮丧。我们内心在说,对不起,很抱歉!我们想要和别人说,不好意思,这只是我的一部分,希望你能看到更多的更完整的我。我们希望世界能知道我们的好。

但是,我们向谁去证明呢?谁会在乎呢?在乎我们的人不需要我们证明,不在乎我们的人我们拼尽全力证明也没有用。

也许,我们可以和自己说哦!我们在乎自己吗?我们能看到自己的好吗?我们能原谅自己吗?我们能给自己时间吗?最了解自己的人就是自己,如果自己都不了解自己都不原谅自己,为什么要去指望别人?最好的朋友是我们自己。我们可以和自己对话,我们可以在孤单迷茫郁闷的时候给自己安慰。

即使是向自己证明,也需要耐心,需要自己对自己的包容和原谅,需要时间去慢慢展开生命的全部。

我们希望世界接纳我们的全部,我们又能否接纳世界的全部?我们希望世界接纳自己的不完美,我们希望世界在一个比较悠长的时间维度和比较宽广的空间维度里看到完整的自己,我们又能否全面完整地看见世界?我们又能否抱有包容和耐心去看见世界?看见世界的完美,也看见世界的残缺;感受世界的善意,也包容世界的恶意。我们也需要在更高更广的视野看待世界,如同我们希望世界看待我们一样。

《送你一朵小红花》这样唱道:"送你一朵小红花,开在你昨天新长的枝丫,奖励你有勇气,主动来和我说话;送你一朵小红花,遮住你今天新长的伤疤,奖励你在下雨天,还愿意送我回家。"我们需要世界的善意,需要世界送我们一朵奖赏和鼓励的小红花。我们当然也可以把小红花送给我们自己,奖赏和鼓励我们自己。

四

霖霖因为唇膏找不到了,生气发火。我也有些生气。
她问,你到底爱不爱我,到底喜不喜欢我?
我:喜欢呀。
她:喜欢我怎么不来安慰我?

我：你这样发火，妈妈很生气，妈妈不想安慰你。

她：那你安慰我，我就不会让你受伤了，我就不会生气啦。

父母和孩子哪一方会主动释放善意？

妈妈说，你这样发脾气让我很生气。妈妈想让孩子看到："你看，妈妈不想理你，因为妈妈对你的行为很生气。"妈妈希望孩子看到自己的感受，从而调整她的行为。但对孩子来说，她也希望她的感受能够被大人看到："我发脾气，你怎么也不安慰我，还生我的气？我发脾气，需要你安慰。我需要确认我没有因为自己发脾气而失去你的爱。你来安慰我，我就好了。"这是一个谁会主动释放善意的问题。妈妈和孩子都在等着对方去看到自己的感受，但却很难有人先放下自己那些不好的感受，去倾听去看到那个受伤的对方。此时的父母和孩子，似乎都变成了婴儿一样，想要被安抚。但最终要有一个人先放下那些是非对错的纠结和执念；最终需要有一个人因为爱而心疼，因为爱而释放善意和关心。在亲密关系中，能够先放下是非对错而释放爱和善意的人是有安全感的，她有坚定的自我，也有清晰的边界。

所有的情绪都是在索爱。只有心中有满溢的爱才能先

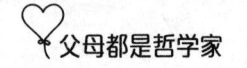

放下，才能先妥协，如果原本内心就匮乏爱又怎么敢放下索爱的执念呢？

五

当我们感知到世界的善意，那些温和的包容和爱意，我们会觉得舒服、愉悦、心态平和，我们会觉得开心、自信，愿意投入愿意去爱。

能够感知别人的善意，感知世界的善意，能够相信别人，相信世界，是人格发展中的重要能力。如果很容易感受到敌意和攻击，那么我们必然会带着同样的敌意和攻击甚至更重的敌意和攻击去回应。别人的语气语调、别人对你的方式，你若感受到敌意（感受到指责、不接纳），我们肯定会以敌意反抗（回以愤怒与指责）。感觉不到善意的人，容易引发羞耻。一个人觉得羞耻，是因为他觉得自己不够好，觉得自己不够好，进而开始防御和反击。而防御和反击，只是想要被看到。

即使是一样的世界和相同的事物，人们感知善意的阈限是不同的。有的人很容易感受到敌意，或者会把善意误读为敌意，而有的人，则容易感受到善意，甚至能用自己的善意去化解世界的敌意。

这两类人的区别是什么呢？我想，善于感知善意和不善于感知善意的两类人，他们的一个重要区别在于他们所处的生长环境的差异：是身处一个爱的氛围和还是不爱的氛围。不爱的氛围里，人们总是去指责和批判，倾向于纠缠一些对错。那些倾向于指责别人的人总会这样说：你不够好，你不对。这是一种能够极大诱惑人去证明自己的话术。在这样的环境里，一个人常常需要去辩解和证明：我是对的，我没有恶意。这很让人崩溃。人生原本是不需要辩解和证明的，只是你遇到了一个用辩解和证明来控制你的人而已。

如果身处爱的氛围里，我们会感受到无条件的信任和鼓励。我们确认被爱着，我们知道自己是什么样的人，知道就算我们犯了错也不会受到指责和惩罚，我们更知道我们被深深地相信着。我们不需要总是去辩解和证明，因而心理自由度大大提高。被爱滋养、被信任和鼓励的人，当然会更容易感受到世界的善意。当我们能够感知到世界的善意，便也对世界报以善意。心中有善意的人是能够接纳自己、视自己为珍宝的人。这样的人必定成长在一个基本环境是信任和爱的氛围中。

当一个人能感受到别人的善意，那么，当他和外界交往时，自己本身就持有满满的善意，他就没有这样那样的顾忌、担忧和害怕，就能直接面对事实，解决问题，真诚、直接而智慧。

不要试图向别人证明"我够好，我值得爱"，相信我们的人、爱我们的人，不用证明，就会觉得我们好。

也不要试图向别人证明"我爱你"，相信的人，自然相信，不信的人，怎么也不信。证明是个无底洞，是个深渊，无穷无尽，没完没了。需要证明的人，本质上不是为了看到证据，而是为了吸食能量。证明的最终点就是生命。

相信，与人格有关，而与证据无关。

能够相信的人，才是人格正常的人。

对于别人的善意，选择相信，并且善意地解读别人；对于自己的善意，对于自己的好、自己的值得，对于自己对别人的爱，也不用去证明。

亲密关系中，需要孩子去证明的父母，需要恋人去证明的伴侣，本质上是人格有问题的。那些你不断证明的努力，只是一种纠缠，只是一种通道，借此源源不断地向这些有问题的人输送能量，为他们解决人生的困惑、生命

第 1 章 孩子的心

的疑问。

能够相信，是一种基本的同时又很奢侈的品质。相信世界的安全、自由、光明和美好，就像相信每一个春天都会来临，每一季繁花都会盛开一样，就像相信太阳总会东升西落，星星总会在夜晚不经意地闪烁一样。

相信着，让我们安然入眠；相信着，让我们好梦成真。

11. 勇敢

最大的勇敢是能面对每一刻的自己。如果不能接纳、面对真实的自己，我们就没有勇气做任何事。

一

不知道为什么迪斯尼会翻拍这么一个古老的童话故事《灰姑娘》？也许就像它设计的电影情节——相信成人世界里依然会有魔法的存在——那样，它相信每个人内心都还有一个童话般的梦想吧？反正，我喜欢这部电影，也喜欢迪士尼，它在我家小朋友刚刚好可以看的年纪拍了这么一部电影。

给我感受最深的是，灰姑娘参加舞会前，站在王宫入口处，担忧地说："我好害怕，我不是公主，只是个普通女孩。"蜥蜴变成的随从对她说："我也不是随从，只是蜥蜴，尽情享受这个夜晚吧。"于是，灰姑娘深吸一口气，步入王宫舞池。而在电影的最后，她从阁楼上下来，没有了仙女教母魔法的加持，她现在是最普通和日常的灰姑娘了，她以最朴素本真的样子面对王子。她是这么的勇敢,不管是公主还是灰姑娘,她都能享受每一刻的自己。这才是"勇敢又坚强,仁慈而善良"。"勇敢又坚强,仁慈而善良"首先是要对自己的,是对自己的仁慈,是对自己的勇敢。灰姑娘之所以能这样勇敢,是因为她心中有着爸妈满满的爱,是爱给了她力量和面对一切的勇气。

另一个令我印象深刻的场景是王子和老国王的对话。老国王想要王子娶大国的公主,好给自己的小国以强权的依靠。王子回答说:"我爱您尊敬您,但是我不能(按您的意思娶大国公主为妻)。我们会依靠自己的子民,他们是'勇敢又坚强,仁慈而善良'的。"王子是成熟的,他的这个回答真的给许多孩子树立了一个榜样。很多孩子(包括成年了的巨婴)面对父母的意志,不敢发表自己的意见,认为异议就是不孝,就会伤害父母。但如果是这样,永远都不会长大。实际上,和父母有不同意见,不照着父母的路走,并不是对父母的伤害。成长了的孩子应该有自己的想法和主见。如果父母觉得孩子不听话就是不孝,那是因为父母还没有长大,他们怕被抛弃,因此王子先说"我爱您尊敬您"。王子没有遵从父王的意志,也劝说父王不用寻求外在的依赖,要靠自己子民的力量。

人们会说,王子和公主的童话都是骗人的,都只是写到"王子和公主幸福地生活在一起"就没有了,接下来那么漫长的一生,生活里的磕磕碰碰,写故事的人都回避不写了。迪斯尼的高明之处就在于,它的故事虽然也只写到王子和公主生活在一起,没有后续,但它在故事情节中铺垫了厚厚的底子,让我们相信,独立、成熟,人格发展很好的王子和公主在一起,是没有理由不幸福的。

什么是真正的勇敢?我们常常认为,勇敢是在危难之际能够冲上前去,或者能够突破自己的局限去尝试未曾经历的挑战,从而展现出突然爆发的潜在自我和能量。在我看来,勇敢并非是自我或者能量的汇聚和突然的爆发。最大的勇敢莫过于能够认清和接纳当下的自己:能够发现和珍视自己的优势和力量,也能够接纳当下自己的局限和不足。发现和珍视自己的独特,正视自己的局限和不足,敢于发出自己的声音,敢于追求自己向往的美好,同时保持开放的心态,向他人学习,其实是很难做到的事。从这个意义上说,这样的勇敢也有面临危难、困难的意思。

勇敢是能面对每一刻的自己,面对发生的事实,面对自己的真心。

就像灰姑娘,在仙女教母的魔法帮助下变成了公主。

第 1 章 孩子的心

面对变成了公主的自己,她也会害怕、胆怯,因为自己只是普通女孩,并不是真正的公主。而在影片结尾,她在阁楼上,穿着旧旧的衣服,真的是灰姑娘了。此时,电影旁白仿佛也看见了灰姑娘淡定的外表下那颗忐忑不安的心:这次没有魔法帮助了,这样普通的灰姑娘,能配得上王子吗?

是的,我们总是会担心,自己配不上那么美好的事物,自己离理想的标准总是很远很远。我们总觉得自己不够好:不够尊贵、不够富有、不够有才华、不够漂亮……我们总是在设想一个更好的、更理想的自己,才有勇气拥抱那些我们认为是美好的东西。

然而,如果不能接纳、面对真实的自己,我们就没有勇气做任何事。我们的心里满满的都是对自己的怀疑、都是外界汹涌扑来的想象中的评价和苛求。

我们总是过多设想外界的看法和评判,却不知道真正的力量在我们内心。真正的力量在于我们的真心、我们的喜欢、我们自己的选择、我们独特的自我,真正的力量在于我们知道自己要什么,知道自己爱什么。

勇敢的本意是知道自己所爱,捍卫自己的爱,投入自己的爱;知道自己要什么,尽管去追求。最大的力量来自内心的动力、爱和意愿。我们不够勇敢因为我们不能接纳、正视和捍卫自己的欲望，轻看了独特的自己。

二

最大的勇敢和智慧是，看见自己，看见事实，看见真心。

看见事实，但不被事实带来的恐惧、害怕、愤怒裹挟，能够与这些恐惧、害怕、愤怒共处，不试图把这些恐惧、害怕和愤怒赶走，不被这些恐惧、害怕和愤怒打趴，这些情绪在就让它们在，但是依然去做基于事实自己可以做、能做、愿意做的事。

接纳、面对真实的自己，接纳、面对眼前的事实以及随之而来的害怕、恐惧或愤怒。然后，让自己的内心和意愿引导自己，去做自己愿意做和能做的事。

牛奶打翻了，这是一个事实。看到这个事实，去做自己能做的事，擦拭干净就好了。孩子在学校惹了麻烦，教师联系家长。家长问清楚原因，该怎样处理就怎样处理。如果家长不问事实缘由，不听听孩子的心声，劈头盖脸就把孩子骂一顿，表面上是教育孩子，实际上是无法面对当下那个过于脆弱的自己,无法面对客观的事实。"面对"二字,从字面上去理解,就是和自己面对面,和事实面对面,这需要极大的勇气。

一个人的面子,一个人的脸,一个人的身体,需要内心强大的自我支撑,需要丰盈的爱滋养。成语"恃宠而骄"原本的意思是负面的,说的是一个人依仗他人的恩泽和宠信而骄横无理。我想,我们可以给予"恃宠而骄"新的解读。一个人如果得到过真诚的宠爱,他是可以为自己骄傲的。这份爱所给予的信任、鼓励和包容,让他能信任自己、鼓励自己、包容自己。他可以变得很自信、很骄傲、很勇敢。他因而会"恃宠而勇"。他因为爱而变得自信而勇敢。他不担心还不够完美的自己会受到批判和指责。他相信自己的好,也相信世界的好;他相信人有多样,贵在不同;他相信来日方长,幸运总在前方。

一个人在过往的生命历程中,被人深爱过,被重视、被看见、被回应过,他会觉得自己重要,他会珍视自己。更重要的是,一个被深爱过的人会推己及人。他会知道,世界上的其他人也是和他一样的人,有需求,有感情,有喜怒哀乐,也有脆弱和局限;世界上的人虽然有这样那样的不同,可能长相不同,可能性格不同,可能言语不同,但是人与人之间是可以彼此沟通的。他怀着爱,怀着对世界以及对世界上其他同类的感知和相信，他有勇气走进滚滚红尘，有勇气面对人世间。

没有被深爱过，没有被看见过、呵护过、宠爱过的人，对自己是感到羞耻的，对世界是感到恐惧的。对于他们来说，世界阳光明媚却过于刺眼，空间广阔却感到呼吸紧促，因为这些太过于陌生，和自己是没有联系的。他们不知道，世界上形形色色的人都是什么样的？他们不知道，世界的光影流转是什么样的？他们不知道，所以他们不敢冒险，他们宁愿躲开。实在躲不开，他们会带上盔甲。他们惶恐地进入世界，每走一步都是试探和张望，都是猜测和不安。稍有风吹草动，就会触发他们的自我保护按钮。对世界的过度警惕和对自我的过度保护，分散了大脑的能量。一个人在大脑感觉不到安全的时候，会把能量更多地用于保护自己，这样就不能够看见事实，不能够正常地去交流，也不能基于事实解决问题，这会让人虚弱而缺乏动力。

12. 关系

我们需要关系。我们在关系中寻找意义；我们在关系中看见真实的自己；我们在关系中获得爱与勇气。

一

孩子体验、感知、寻找世界之于自己的意义和自己之于世界的意义，寻找自己和世界之间的关系。

孩子进入世界。大自然中的太阳、微风、雨滴，沙滩、海水、白云、天空，小鸟、鱼儿、虫子；棒棒糖、鸡蛋、面包、草莓、苹果，妈妈的微笑、姐姐的玩乐、伙伴的嬉戏，这一切都呈现在孩子面前。他开始感知、触摸、探索、体验周围的一切。

孩子开始感知世界之于自己的意义。大自然的太阳照着，暖暖的，微微的风吹着，凉凉的，雨滴落在脸上，湿湿的。棒棒糖甜甜的，妈妈的笑容是安然的。孩子的感官唤醒了，眼睛唤醒了，耳朵唤醒了，嘴巴唤醒了，小手唤醒了。最后，心灵也唤醒了。孩子感觉到：世界是这么的丰富有趣，而我正好感觉到了，我正好和它们在一起；我是这世界的一部分，我这么厉害，我的手、我的眼睛、我的耳朵、我的鼻子、我的嘴巴、我的心，都像是有着神奇的魔法，它们和世界是相通的，可以和这世界的脉搏一起跳动、同悲共喜，这是多么奇妙的事。孩子于是增加了参与世界、融入世界、分享世界、创造世界的动力、信心和勇气。

孩子也开始感知自己之于世界的意义。孩子在想：我的感受、我的想法是真实的吗？我的表达会有回应吗？阳光暖暖的，棒棒糖甜甜的，我的心是欢乐的，嗯，这是我的感受、我的体验，它们是真实的，也是重要的。面对广阔辽远的世界，孩子发出了声音，表达了自己的存在。

世界呈现于孩子面前，被孩子感知、触摸与体验，获得了自身之于孩子的意义；孩子也向世界表达了自己，参与到世界之中，获得了自己之于世界的意义。这样的互动与回应中，世界与孩子开始有了链接，有了对话，有了密语，有了通道。

世界不再只是物质的世界，因为有了孩子的注视和感受，它有了无限丰富的意蕴；孩子也因为有了世界的加持，他的眼中可以有万千柔情，他的心里可以有星辰大海，他的思维可以天马行空，孩子有了无限可能与无限想象。

第1章 孩子的心

孩子与世界之间的链接和意义，源于他们彼此走进。世界走进孩子的心里，孩子走进世界的心里。这样的链接和意义是独特的、个性的、生动的、具体的。孩子与世界之间，不是浮光掠影，不是人云亦云。固然，具体的体验也将汇成大众和社会共享的知识和意义，但共享的知识和意义与具体的体验并行不悖，并且个人的独特体验更应该值得尊重。或者可以说，个体独特而生动的体验即是最大的和真正的意义。

共享的知识和意义并非不可侵犯的绝对的权威，它只是方向和参考，而个性的独特体验是真实而当下的。共享的知识和意义有可能会随着具体的情景而有所调整和改写，但独特个体的体验总是具体生动和真实发生着的。

个体在与世界的真实感知、体验与触摸中获得与世界的链接和意义，获得在世的根基与表达。在这样的根基之上，他生成喜怒哀乐之丰富情感，逐渐获得完整而有内核的自我，生命饱满而富有活力。

孩子学知识学文化前，他首先要成为一个有主体性的人。他在一个基本被尊重被允许的环境中长大。他知道世上有一个他存在，他是他，别人是别人，他的愿望基本可以满足，他的声音会被听到，他的事情自己可以决定……他，很重要很美好。

其次，带孩子见识世界，把世界带到孩子面前：自然的、历史的、人文的、艺术的等，让孩子对世界产生兴趣，让孩子觉得：世界，也很重要，而且美好。

一个有主体性的孩子对广阔多样的世界产生兴趣，之后的一切，就基本没问题了。当孩子们想要去看看世界的广袤与诗意、想要去看看人性的美好与复杂的时候，当孩子能感受、意识和享受所学知识里闪现的科学智慧、艺术美感和人性光辉的时候，所谓的教育就真正启动了。

孩子的学习一开始的重点绝对不是技巧技能的训练（当然这些最基础的部分也是必要的），而是有了对自己的意识，对世界的意识（哪怕这些意识最初是模糊的）。或者说，孩子能在学习的同时，也保留有反思的空间和余地，让孩子和世界彼此能够相遇、相识、相知。

这种空间和余地的促成，背后是父母有意识的努力和引导，但对于孩子来说，却是在父母提供的支持下进行阅读、行走与交往之中不知不觉地达到一种启蒙和成长。

第1章 孩子的心

二

我直觉感到，有些自闭儿童是和世界失去了联系：他个人对于世界的意义是什么？世界之于他的意义又是什么？

个体与世界的联系并不是单纯身体与生理上的。个体与世界的联系是精神上的、存在性的，是个体之所以立身于世的根本。个体需要感受和确认的是，他对于世界是否重要、是否有意义？有人能够听见能够回应吗？世界那么大，却也很小。人们通常并不会接触到一个宏大而抽象的所谓世界，人们接触到的不过是一个个的人、一件一件的事、一处一处的地方。所谓世界就是由一个个人、一样样事、一处处地方构成。对婴幼儿来说，父母就是他最初接触的世界。婴幼儿从父母和周围的人包括老师那里获得对于世界的最初感知。如果父母爱他、照顾他、回应他，他会感受到自己的重要，感受到这个世界的善意和友好。他就敢于发声和表达，敢于向世界伸出他的触角，敢于向世界敞开他的心扉。他不仅发现自身之于世界的意义，也在与世界的相遇与交往中发现世界之于自身的意义。他开始发现这个世界之神秘、美好与魅力。世界上的种种让他感到好奇感到欣喜。

他为世界心动,为世界欢乐,也为世界悲伤。他,爱上了这世界;他,与这世界呼吸与共、深情相拥;他,与世界建立了联系:世界是他的,他能听到世界;他是世界的,世界也能听到他。

通过绘本阅读、故事、绘画、唱歌、活动操作,孩子逐渐成为世界的一部分,投入、沉浸、喜悦、悲伤、疑惑、想象、发现、顿悟、创造,他逐渐感知外在的世界是什么样的,感知世界的线索与原貌,感知世界的细节与整体,渐渐将自身融入世界、参与世界,渐渐萌生主体感,萌生自信和骄傲的感觉。

三

与世界失联的孩子,是孤独的。他在只有自己的世界里,独自寻找属于他的意义。他的小天地之外的世界听不到他,听不懂他,或者说那个看似广大的世界里的人其实并没有意愿去听他懂他。也许,并不是因为他沉浸于自己的世界我们才听不懂他,而是因为我们根本没有意愿和能量去听他,他才沉浸于自己的世界。

即使如此,孩子也没有放弃与世界的沟通。他们用自

第1章 孩子的心

己的语言、自己的方式、自己的心灵与世界交流。而成人由于看待世界的视角存在缺陷，致使成人依然不理解这些孩子与世界的交流方式。

我们看到的表象是，孩子与我们互不理解。孩子的表达我们听不懂，我们的表达孩子听不懂。看起来，交流的通道是双向关闭的。但实际上，孩子与世界的沟通是一直存在的，是一直敞开的，而我们接收孩子讯息的通道很早就关闭了。这种早已关闭的交流通道只是表面看起来有而已，但却是无效的。所以，一个自始至终都无效的交流通道，其存在的意义仅仅表明它存在着，而且那些无效且极力彰示自身存在的事物就像一个障眼法，遮蔽了人们对事实真相的觉察，也让我们误以为我们已经尽力了。

学前教育专业的大学生去幼儿园见习，他们会遇到一些特别的孩子。比如，有的孩子，上课游离在课堂外，集体活动基本不参加，吃饭基本不动。见习学生陪着孩子，在阅读区给孩子讲故事，孩子也会和见习生交流。老师看到后，惊讶于孩子的变化。孩子的变化让师生备受鼓舞。那些看似沉浸在自己世界的孩子，那些看似无法沟通和交流的孩子，是不是因为我们根本没有采取适合的方式就急于做出了判断和结论？见习生在短短的见习期里甚至可能都还没有和那名特别的孩子完全熟悉的情况下，就只是做了一点点的努力，孩子就给出了很好的回应。这说明，我们需要反思。在孩子既往的成长过程中，成人的做法是如何让孩子关上心门的？在孩子关上心门之后，我们该做些什么让孩子重新打开心门？

四

个人化的、主观性的感受和想法通常被置于主流的、功利的、大众的体系中予以衡量与评估。我们很容易认为个体化的声音和想法无足轻重。我们追求正确与合规，较少能够容忍偏离和混乱；我们心中常有标准和流程，较少能够重视和欣赏孩子独特的、个性化的、主观性的表达；我们常常从功利的、实用的角度评判和指点孩子精神性的表达。这让孩子感到自己之于世界不重要，感到自己之于世界无意义，感到自己被置于荒岛之上，孤单、无助，他试图发声，却总不被听见和理解。也许，他渐渐地就开始想要放弃了。

让个体重获意义感需要尊重个体主观的、独特的情感，而非把个体主观的、独特的、生动饱满的情感体验置于单

第1章 孩子的心

一的、绝对的、干巴巴的标准下予以评判和衡量。

谁说情感不重要？

谁说个人化的、主观性的体验和感受不重要？

看看《你好，李焕英》。《你好，李焕英》正是女儿基于对妈妈浓烈的情感和爱，这种情感和爱浓烈到必须需要一个出口，于是贾玲要拍一部电影去当导演、写剧本。她说，我不是要当导演才去拍《你好，李焕英》，而是要拍《你好，李焕英》才去当导演。这时，是不是导演专业、是不是编剧出身都没那么重要，如何写、如何拍、如何剪辑这些技巧通通都为故事服务、为情感服务。贾玲就写自己的故事、自己的妈妈、自己的情感、自己真实的内心，打动了观众，引起共鸣。

对于观众来说，他们也需要建立世界与自己的联系，看到世界之于自身的意义。一部电影、一本书、一个人、一件事，和观众、读者的联系在哪里？它们之于个体的意义在哪里？那些与自己没有多少联系和意义的东西可能也走不进观众和读者的心里。过于追求技术与效果的东西，远不如情感的、个人化的、主观性的体验和感受重要。社会、经济、技术与文明越发展越进步，越凸显人的内心和情感的地位，愈加尊重人类个体化、主观性的情感和精神。

在以分数、成绩为单一价值观的氛围下，越来越多有自己独特禀赋与个性的人会被放逐到精神的孤岛。在统一并且单一的标准之下，那些未能迎合现有标准的人，会被视为异类而不被主流所容，这样的孩子就被隔离在了正常的社会话语体系外。他们无法参与进来，无法交流，变得越来越孤独。并非是因为这些个体有问题而未能融入社会，而恰恰是我们现有的标准太过单一和统一而未能容纳多元的、异质的个体。

五

教育是一种影响，关系双方彼此之间的相互影响。雅斯贝尔斯那句富有诗意的教育名言这样说——"教育是一棵树摇动另一棵树，一朵云推动另一朵云，一个灵魂唤醒另一个灵魂"。这个论述谈的其实就是人与人之间的相互影响，就是人如何在关系中受到影响进而得以成长。

这种影响首先是心与心的影响，是信任关系的建立。我们的见习生初进幼儿园的时候，面对的也是陌生的环境、陌生的教师、陌生的孩子。他们的内心也是紧张的、忐忑不安的。他们在想：我会遇到什么样的局面？孩子会不会接纳我、喜欢我，会不会支持我、配合我？我能应对吗？

第1章 孩子的心

通过与孩子的接触，见习生感悟到，对孩子付出真心，孩子就会真心对待你。见习生从一开始的紧张慢慢变得放松，在与孩子心灵交往互动的过程中，对这份职业也有了更多的认识。关于这一点，我印象深刻的是一位见习生的感悟。他这样写道：

"孩子们其实都是很能说话、很能表现自己的。一开始，我尝试与孩子们进行互动，结果只有几个孩子能够回应我，但在向他们表现出足够的善意，并且积极与他们互动，聆听他们的话语后，他们都开始向我敞开心扉，分享自己的小故事，甚至在游戏时间里，他们会主动邀请我一起进行游戏，我和他们已经成为了好朋友。"

读到这段文字，我很感动，也很高兴。感动于我们学前教育专业同学们的用心与智慧，高兴于学前教育专业同学们的责任与成长。当只得到几名幼儿回应的时候，见习生没有就此获得对幼儿粗浅的与表面的认识：这些孩子不主动，不热情，不支持和配合老师。如果基于这样浅薄的认识，有的教师可能就会对孩子怀有偏见或者贴标签甚至要去批评惩罚他们了。幸运的是，学前教育专业同学们的善良、智慧和担当正表现在，当他们遇到一些看似棘手的问题时，他们会思考，他们会用爱心、真心和耐心去化解，去施以影响，去构建良性的师幼关系。具体到这个教育场景，见习生知道，这是因为孩子们和他还不熟悉。但作为教师不能等待。教师必须主动，必须要首先释放善意，要积极与孩子互动，要倾听孩子。在这个过程中，教师影响了孩子，教师走进了孩子的心。我们可以说，教师打开了孩子的心扉，唤醒了孩子，让孩子看到一位教师、一位成人是怎样的真诚、主动、善意、耐心。孩子不仅能感受到大自然暖暖的阳光，也感受到了教师所带来的爱意和关心。孩子在这样美好的师生关系中得到了滋养和能量。

同时，孩子也影响了教师。教师用真诚召唤了真诚，用善意召唤了善意，用爱召唤了爱，教师在孩子身上所唤醒的孩子对于世界的信任、孩子对于教师的依恋和情感，千金难买，弥足珍贵。这让教师也看到自己身上具有魔法般的神奇，让教师对孩子有了更全面更深入的认识和发现，让教师对自己的职业有了更由衷的认同和责任。

教育中的影响还表现在更多的方面。作为教师我们并不是仅仅在知识上启发孩子、教导孩子。相比于知识，教师的一言一行、一颦一笑、一举一动，教师的态度和教师的素养，更是无时无刻不在潜移默化地影响着孩子，影响着孩子的生命与性格，影响着孩子的一切。

那些一脸严肃的、不苟言笑的、对孩子苛刻以待、让

第 1 章　孩子的心

孩子们动辄得咎的、一直在骂孩子的老师，无形当中就扼杀了孩子们的天性和活力。孩子们不敢动了，不敢说了，他们害怕犯错了挨骂，他们严守规范，他们噤若寒蝉，他们安静畏缩，他们变成了那些无能的管理者所要求的样子，但这却是教育的失败和悲哀。

人们向来不吝以高尚、伟大等最美好的词汇形容教师，正在于教师对孩子的影响是多么重要和深远。孩子们尚且年幼无知，他们的心灵是纯净的，他们对于世界的认知是单纯而懵懂的。此时，教师的行为示范、教师的态度尤为重要。在孩子的眼中，教师就是他们认识世界、认识他人、交往处事的样本和示范，教师就是他们通往社会和世界的桥梁和缓冲。

更多的教师是负责的、有良知的、有爱心、有耐心的好老师。有见习同学分享，一位特殊的孩子认真地搭好了积木作品。按照时间规定需要收拾的时候，这位孩子没有听老师的话把作品收拾起来。老师很理解地没有一定让他按规定把作品拆掉收起来，老师说，他很难得这么投入这么感兴趣，搭得也挺好，就先留着吧。这位老师能够超越规矩、规范，看到孩子当前的状况，看到他的认真、他的兴趣、他的不舍，很灵活地进行处理，是一位有智慧的好老师。我想，那孩子也一定能够感受到老师的理解和宽容。

我们祝福每一位孩子都能被世界温柔以待,其实最重要的便是每一位孩子都首先能被父母和教师温柔以待。在孩子与父母、与教师、与伙伴、与更大的世界的关系中,孩子受到滋养,汲取力量,得以茁壮成长。

第2章 父母的爱

1. 平凡

　　一代一代的父母都是伟大的。他们可能没有多少文化，没有多少钱，也没有多高的位置，但他们用心地抚育孩子成长。一天一天，一年一年，父母们在自己与生活周旋的同时，也努力为孩子撑起一片天。父母们用天然的本能爱着孩子，回应孩子、满足孩子，守护孩子对生活的爱与深情，带领孩子看到更大的世界。

一

　　每一个家庭、每一对父母，都是平凡而伟大的。

　　不管家境如何，不管是何职业，不管学历多高……父母们都用心地抚育孩子，爱着孩子。

　　养儿不易。父母们一边在社会上辛苦打拼，一边守护家庭的小世界。不论父母在社会上是何位置，他们都是家庭里的一片天。父母们在家庭这个小小世界里的贡献丝毫不比在社会上的少。父母们一边为社会创造价值，一边培育孩子，为未来社会带来新的力量和新的希望。他们满足

第2章 父母的爱

孩子的衣食住行需要，关注孩子的心理精神发育，守护孩子每一步的成长。

当孩子开心快乐兴奋骄傲时，他们一样开心快乐；当孩子受挫低沉郁闷时，他们在孩子身边安抚疏导孩子；当孩子紧张胆怯害怕时，他们陪伴守护孩子；当孩子勇敢尝试迈向未知世界时，他们鼓励支持孩子。

从父母温柔慈爱的眼神里，从父母有力温暖的怀抱里，从父母日复一日年复一年平凡生活的勇敢和耐心里，从和父母相处的点点滴滴里，孩子感受到了宠爱和善意，感受到了生活的曲折和美好。

在父母的宠溺和疼爱里，孩子知道自己是有价值的，自己生命的动力和愿望是可以表达可以实现的；在父母引领孩子走向自然、社会和精神世界的过程中，孩子看到了生活的美好和世界的波澜壮阔；在父母穿梭于日复一日的生活琐碎里，孩子感受到了生命的坚韧和责任。

小小的孩子羽翼渐丰，振翅待飞。呈现在小小人儿眼前的世界，是多么陌生又是多么熟悉。外面的世界，是尚未经历的陌生,有不认识的面孔和未知的事物,孩子不知道会面对些什么,不知道会发生些什么,难免忐忑。然而,外面的世界,竟也有着似曾相识的熟悉,孩子从人们的笑脸和善意中,从世界的开放和包容中,回忆起了父母的温柔和爱意,回忆起了父母的鼓励和抱持,似乎是一样的味道,一样的温度,一样的心动。

于是,小小的人儿纵使心存不安,纵使还有胆怯,然而内心逐渐唤醒的父母给予的爱与温暖,让小小人儿恃宠而勇,尝试着慢慢地走近陌生的世界,和眼前陌生而清新的世界问好、拥抱。

当孩子在外面的世界受挫,受伤了,疲倦了,他还可以回到家里,洗掉满身的尘土,在父母的一句好话一餐好饭中又振作了精神,充满了力量。

那个家啊,虽然只有小小的一方天地,却是一个大大的世界、一个浩瀚的宇宙。孩子从这里生根发芽,涵养能量;孩子从这里迈向世界,走向更广阔的天地。

那相互注视的温柔眼神,那飞出心间的欢声笑语,那嬉戏时的开怀大笑,充盈了父母子女的心田,在长长远远的人生路上点亮暗夜,散发芳香。

二

家,是孩子踏入世界的缓冲,是永远强大的后方。家,是一个让人想起来会微笑、困顿时有退路的地方。家,不是战场,用不着唇枪舌剑,无所谓胜利和投降。

世界也不是战场。家是什么样的,世界就是什么样的。

不要说,世界凶险,要在家就给孩子提前演练。这是完全搞错了方向。世界是由具体的人组成,是由一个个像你像我像他一样的人构成,我们都要吃喝拉撒,我们都有喜怒哀乐,我们都会心动,也会悲伤。

孩子通过父母看世界。在孩子眼里,父母是什么样的,世界就是什么样的。被父母善待的孩子,能感受到自己的好、感受到自己的价值,也能感受到父母的善意。在他与世界相见相遇之时,他必然会以为世界是善意的,也必然以自己的好自己的善意与世界相处。

家,是给孩子赋能的地方,而不是让孩子耗能的地方。

如果孩子的能量在家里就已经被消耗得差不多了，他就没有多余的能量走向世界了。一个在家里被淋成落汤鸡的孩子，纵使屋外阳光明媚、鸟语花香，他也感受不到一丝美好，内心只有被风吹雨淋的湿冷和沮丧。

把孩子视为工具、看不见孩子、吞噬孩子、疏远孩子、和孩子较劲……这些行为都是在家里制造暴风雨，把孩子淋湿，浇灭孩子的热情与能量。在孩子尚未走向世界时，就几乎已经耗尽了活力和能量。当他进入世界时，就只剩下了防御和自保。在这样的家庭里，孩子原本生生不息的活力变得微弱，他只能被动的应对和防备以求自保甚至能量不足而熄火。

父母如果人格健康，热爱生活，他们的身上就能散发出阳光的、快乐的、健康的气息。他们会有发自内心的笑容，会为生活中一些小小的美好事物欢喜雀跃，他们的眼神里会有光芒，温和的、喜悦的、恬静的光芒。如果孩子们有幸遇见这样的父母，他们的人生就会受到好的影响。父母散发的温柔善意、乐观积极的爱和光芒，就是幼小的孩子最初懵懂人生路上的小太阳。反之，那些消极颓废、心胸狭隘、自体虚弱、情绪暴躁的父母，就像一个拥

第2章 父母的爱

有恶魔法的巫师，一出手一出口就能伤人。他们的肢体动作、表情、语气语调和眼神，都让人感到阴郁和害怕。孩子不可能选择谁做自己的父母。如果遇到了正直善良、富有爱心的父母，他们就是幸运的。如果遇到了冷漠暴躁、狭隘固执的父母，他们只能忍受。他们只能忍受父母的面无表情、自恋偏激、狭隘固执、情绪暴躁。身为父母，我们要让孩子们从内心里觉得自己遇见我们是幸运的，是幸福的。

也许，从这个角度讲，每一位普通人的生活本身就是有意义的。每一位普通的人，不需要宏大叙事加持，只要能过好自己的生活就很厉害。只要过好自己的生活，幸福快乐，他就会像一个发光的能量体，给予周围光明和启迪。

那些柴米油盐的烟火气，那些父母孩子之间的嬉戏，那些春夏秋冬四季变换中的喜怒哀乐，那些一起走过的长长远远的路，那些久别重逢的喜悦，那些独自一人想起了谁时不自觉的笑意，那些深藏内心的小秘密，那些为了梦想努力加油的坚持，都是暖的，都是美的，散发着清新宜人的、淡淡的香，散发着满满的、暖暖的、动力十足的能量，让我们能够历经酷暑严寒，能够抵御平凡生活里的琐碎和悲伤，能够在人生的狭缝中寻找希望。我们，你、我、他，每一位个体的幸福和坚强，每一个家庭对于美好生活的憧憬和向往，本就是宏大目标宏大叙事的具体指向。

2. 宠爱

宠爱很好很难得。被宠爱是一种很好的感觉。被爱着让我们觉得幸福，让我们更有勇气投入世界，更有勇气绽放自己的生命。愿每个人都能得到宠爱，愿每个人都能宠爱自己，也能宠爱他人。

爱，以及对爱的守护，是一切，是一切美好、安宁、专注、创造和幸福之源，或者就是这一切本身。如果我们不相信，那是因为我们没有体验或者没有见过真正的爱的样子。

一

身处一个社会、文化、经济、科技越来越发达的世界，我们做父母的却越来越困惑于"孩子该怎么养，父母该怎么当"这样最基本的问题了。如果有一个人能给我们指点迷津，对处于困惑、纠结和迷茫中的父母无疑是极大的抚慰。曾任英国心理学学会主席、皇家医学会儿童科学部主席等职务的温尼科特就是这样一个睿智而温暖的人。温尼科特有非常独特的里程碑式的视角，他不仅看见了孩子，

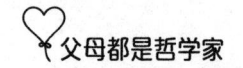

也看见了孩子身边的母亲，他关注的不仅仅是单个人的状态，而且关注母亲与孩子之间的关系和相互作用是怎样促进或者阻碍孩子的发展的。

温尼科特认为母亲们所做的工作意义重大。"一个母亲靠自己的力量处理她与宝宝的关系，是在竭尽所能为孩子、为自己、为社会做到更好""让别人去照料这个世界吧，你只要专心孕育下一代就好"。① 最初的母婴关系对孩子未来的人格成长与身心各方面的发展有着深远的影响，"小孩跟父母、跟其他孩子，以及最终跟这个社会建立人际关系的唯一真正的基础，就是最初这份成功的母婴关系"。② 因此，妈妈精心照顾呵护宝宝是在为社会未来的成员打好健康底子，是绝对值得做的一件事。

温尼科特说，小婴儿要想成长为健康、独立又合群的成人，一定要有好的开始。然而，怎样才能有好的开始？

母亲们可以试着猜一猜温尼科特对这个问题的回答是什么。

---

① ［英］唐纳德·W.温尼科特：《妈妈的心灵课——孩子、家庭与外面的世界》，赵悦译，南方出版社2011年版，第17、25页。
② 同上书，第25页。

第2章 父母的爱

温尼科特的回答是这样的。他说:"怎样才能有好的开始?这就要靠母亲和宝宝之间天生的亲情帮忙,也就是所谓的'爱'。所以,只要你爱你的小宝宝,他就已经有一个好的开始了。""母子之间与生俱来的亲情,才是育儿的要素和法宝。"[1]小婴儿慢慢长大,自然要离开母亲的怀抱,要走向外面的世界,要学会和世界妥协。然而,孩子接受外界现实的基础是"在襁褓初期,母亲必须暂时遵从小婴儿的愿望"。[2]

温尼科特告诉父母们,要放松,要相信自己够好,要安于自己的判断,因为照顾宝宝是母亲天生就会做的事。温尼科特提醒妈妈们要努力摆脱他人的劝告,不要受太多育儿箴言的束缚,做让自己觉得舒服的事就好了。万不可被"养育小孩的重大责任给压垮了,所以不得不遵守法则、规定和戒律"[3]。母亲需要自得其乐,放松自己,享受为人母的乐趣,享受和宝宝在一起的时光,"如果你享受这一切,对小宝宝来说,就仿佛是和煦的阳光出来了。母亲必须能

---

[1] [英]唐纳德·W.温尼科特:《妈妈的心灵课——孩子、家庭与外面的世界》,赵悦译,南方出版社2011年版,第8—9页。
[2] 同上书,第24页。
[3] 同上书,第24页。

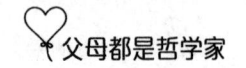

够自得其乐，否则整个育儿过程就是麻木的、没价值的、没有感情的"①。

母亲们不仅要相信自己与生俱来对宝宝的爱，还要相信宝宝们也有与生俱来自我发展自我成长的本能。宝宝有自己成长的潜能和节奏，母亲只要提供适当的生长环境，陪伴着、响应着、享受着就好。"每个小宝宝都是蓬勃发展的小生命。在每个小婴儿体内都有生命的火苗，那是生命的成长和发育生生不息的强烈欲望，也是小宝宝与生俱来的本能，我们并不需要知道其进展的方式。"②

简而言之，温尼科特是在给妈妈们说：一、抚养照顾好宝宝，这件事重要又值得。宝宝得到好的照顾，不仅对宝宝今后的人生影响深远，也是在为国家和社会做出重要贡献。二、在抚养宝宝这件事上，妈妈们不要过于紧张，要顺应自然、放松。比法则、规定、箴言和其他人的劝告更重要的是眼前这个小宝宝的感受和需要以及母亲自己的感受和直觉。要相信宝宝有与生俱来自我发展和成长的本能，也要相信自己天生就有照顾宝宝的能力，母亲们只要

---

① ［英］唐纳德·W.温尼科特：《妈妈的心灵课——孩子、家庭与外面的世界》，赵悦译，南方出版社2011年版，第17—18页。
② 同上书，第18页。

第2章 父母的爱

顺应宝宝的本能,也顺应自己内心的爱与亲情,让宝宝满意,让自己愉悦舒服,宠爱宝宝宠爱自己,就没错了。

二

在文文两岁半的时候,带她去打预防针。打第一针的时候,她还是懵懂状态,直到针扎进去,感觉到疼,才哇的一声哭出来。然后,打第二针的时候,只是看见医生拿起针就开始哭了。后来文文三岁的时候再去打针,在家里就做了心理建设了,她表态说自己勇敢不哭。确实,她是全程看着阿姨配药、消毒、针扎进胳膊,都没哭。等到三岁多去做入园体检时需要抽血,她可能是不知道自己之前抽过血,感觉这件事有点陌生吧,再加上前面小孩哭,轮到她时,她也哭起来了,抗拒。中午带她在小区溜圈,她还说,我怕抽血。我告诉她,怕很正常的,我听过一个老爷爷七八十岁了还怕抽血呢,老伴在边上安慰他。你打针妈妈也在你身边安慰你。你就算是心里怕,但还是给医生阿姨抽血,还是很勇敢。

不论是打针,还是学走路,宝宝在第一次尝试和面对的时候,难免是忐忑紧张的。幸运的是,有父母作为宝宝初次进入世界的缓冲和过渡。在孩子刚刚和世界接触的时候,她还不懂,她还觉得世界是陌生的、未知的、令人担忧害怕的。但是,父母和她在一起,稳稳的、暖暖的在身边,呵护、安抚、鼓励、支持孩子。由此,孩子身体开始强壮,心理开始柔韧灵活扩展,开始慢慢独自走向世界。

三

宝宝一早起来就哼哼唧唧,各种不如意,一副宝宝心里委屈但宝宝说不出的感觉。给她盛了面条,不要鸡蛋不要白菜,挑干净了还是哭;鼻涕流下来,她自己拿着纸要擦的,我眼看着快要流到嘴巴了,迅速帮她擦了,她又哭了;姐姐从房间晃出来说:"妈妈看我的衣服好看吗?昨天爸爸带我去迪卡侬买的。"宝宝一见哭得更大声了,不要姐姐穿这身衣服。最后,我煮了几个饺子,盛给她,她拿筷子夹不起来,又要不爽了,于是我赶紧拿个叉子给她,一个人才安安静静吃起饺子来。

小宝宝是真心不容易。她尚且弱小,能力不足,表达受限。然而,她想要与世界链接、想要表达意志、想要呼风唤雨、想要动手做事的愿望却很强烈。这种强烈的愿望与不那么令人满意的现实之间的差异让小宝宝深感无力、挫败和委屈。温尼科特指出:"小婴儿大部分的尖叫和乱发脾气,都属于内在和外在现实之间的拉锯战范围,我们必须把这场拉锯战看成是正常的。""照顾小孩的人有个任务，就是要在小孩从幻觉到幻灭的转变过程中提供协助，尽量随时将小孩所面对的问题单纯化。"

从本质上讲，婴幼儿、青少年、成人及至老人，我们所面对的这种愿望与能力之间的矛盾、期待与现实之间的落差、自恋与打脸带来的脆弱与羞耻，都是一样的，是贯穿一生的，甚至可以说是醒来就会面对、一天一天都会面对的唯一能确定的事。

如果有幸，年幼时能有可以抱持孩子的父母，换着花样儿来安抚孩子的脆弱，让孩子可以恣意释放委屈，那么，在年幼的孩子长大成人后，这些留存心底的耐心、温暖和爱意就会成为她抵御无数大大小小挫折与黑暗的勇敢和光亮。

四

小宝宝午睡前有点闹，我抱她爬我肩上，一会就睡了。放在床上呼呼睡得还挺久。我叫醒她时有点小心翼翼，生怕她没睡好醒来哭。就这么小心翼翼的，最后还是大哭了。

她睡觉前穿了冰雪奇缘里艾莎的衣服，戴过一个驱蚊手环。醒来忽然就说要手表。我拿了那个驱蚊手环给她，她说不是，就要哭了。我心想这个不是，那就是想起睡前穿过艾莎衣服了（衣服配套有手链这些东西），就问她是不是艾莎衣服上的手链。她哭着说不是。我起初还好脾气地说，那你说是哪一个？你不要哭，妈妈给你拿。这小宝宝也不说，就还是哭，不知道是急着哭来不及和大人说清楚还是气大人怎么猜不到她真正想要什么。我看她一言不合就哭，也不表达自己想要什么，就没耐心了，出去到别的房间，任她哭。最近感觉她一言不合就哭，而且还有点夸张地，前扑后仰那样子。我心里也不爽。

这个小宝宝，就像她爸说的，人小脾气大。脾气起来了是有点犟的。后来，她爸进去了，看她那样，就说，宝宝这么生气了，只差用头撞墙了。我一听，心疼加过意不去，就又进去哄她。不行。我把她强抱起来，屋里转了两下。还是不行。于是，我就把她抱出屋外了。一开始她不肯出去。姐姐也追出来说妹妹不要出去你就别抱出去。不过我比较了解她，抱出去会好些。我们去小区东门的小超市买了棒棒糖和水，走到菜场边，看两个小姐姐玩游戏，看了一会，才算慢慢平静了。

等她平静了，我问她，你要哪个手表呢？

她说要小熊那个（就是一开始拿的那个驱蚊手环）。

那妈妈一开始不是拿给你了吗？是方向不对吗？

她说是。

大概就是戴的姿势不对还是哪个细节没搞对，就发这么大的脾气。

就还是大人耐心不够吧，看她那么前仰后合地哭，又不用嘴巴说，我就一肚子火，就没耐心继续去试探看看她到底是想要怎样。

小孩子心思其实也是单纯的。她歇斯底里、惊天动地地哭，只不过是为着一点小小的心思。如果大人愿意，一定是可以试探出她的心思的。

只不过大人也是凡人，也有这样那样的局限，比如看不惯她明明可以说出自己想要什么却偏偏要哭要发脾气。之所以搞不定，不是大人不能，而是大人不想而已，大人也有那么一点和小宝宝较劲的感觉。

很多时候，大人不仅不能或不愿猜到孩子那点小心思，不能或不愿满足孩子那点小心思，还要指责孩子不懂事呢，还要惩罚她脾气这么大呢！殊不知，起因只是小宝宝的一点小心思而已，就看你愿不愿去试探去满足。

五

有一次，爸爸给文文洗澡。洗了头以后，感觉头发需要用清水再冲一下。但文文不要。她爸耐心和她讲很多，比如，就只是冲一下就好了，不冲的话脏脏的小虫子会飞过来等，但文文就是不要。她爸就有些生气，就硬是用清水稍微冲了一下。结果这娃就哭得呀，真是不得了。我用浴巾抱着，就一直哭。姐姐过来各种哄，外婆过来各种哄。收效甚微。后来，我就抱着到阳台上看看（还好是夏天），说"天黑了，小鸟不叫了，树也不摇了，风也不吹了，小虫子在叫，小青蛙也在呱呱叫，还有小狗汪汪汪的……"之类的话，有点安静下来。然后抱去书房找了本书，开始可以听故事了。后来，她爸爸过来和她说："宝宝不想冲头发，爸爸非冲不可，爸爸错了，对不起啊！来，爸爸亲一个。"亲了一下文文，爸爸带着她讲起了故事，哄睡觉。

这个事情，就是孩子意志和大人意志的较量。可以说大人没办法只能违背她的意志了，但也允许孩子大哭，并且尽力去安抚。

但很多时候，这样的事情往往会有另外的走向：即使大人意志胜出，但并不允许孩子释放情绪也没有安抚孩子，反而对孩子一直哭感到不满，进而指责孩子，甚至暴力驯服，达到"不仅让孩子听话并且让孩子承认大人是对的"的目的。

那个被大人拂逆了意愿而强烈抗议大哭不止的孩子，

被妈妈用浴巾裹着抱在怀里，姐姐、外婆都来哄她，爸爸也向她道歉；或者因为一点细节上大人没有猜到心思就哭得惊天动地的孩子，她在长大后，在进入社会后，会是一个恃宠而骄、顽劣暴戾的孩子吗？

我觉得不会。我觉得她会记得这些温柔和安抚吧，记得一家人心疼她的眼泪，心疼她的大哭。她知道就算她的大闹与暴哭让局面似乎变得很混乱似乎要崩塌了，但之后的一切竟然都还是安稳的，都还是好好的，拥抱还在，爱还在。没有怒吼，没有惩罚，没有报复，没有山崩地裂似的可怕事情发生。于是，小宝宝会对事物的秩序有信心，对爱的稳定有信心。她会变得不那么急躁，她会从容地试着去表达自己的想法，她也能学会和外界进行多回合的沟通，学会慢慢等待别人的回应。

如果是意志未被尊重也不被允许抗议、一旦大哭抗议即被指责脾气太大进而被驯服的孩子，内心里更多的是愤怒、恐惧和混乱。愤怒于声音不被听到，恐惧于大人恃强凌弱，混乱于事实颠倒。这样的孩子不再相信外界能够理解与回应自己，他依然会是暴躁的，依然会是匮乏的。

我们做父母的，总是为着孩子的未来操心。我们会想着在她小时候就培养起良好的素养,有礼貌,有涵养。但实际上,小宝宝们小的时候一心考虑自己的时候居多。儿童小时候对自身愿望和动力的关注和表达是正常的。温尼科特认为,儿童对外部世界的过早关注会限制并阻碍儿童自身主观性的发展和巩固。① 父母们不要过早地把孩子规训成一个放弃自身本能而过度考虑规则规范和他人感受的人。

只有具有自身主体性的儿童才能作为一个平等的主体与世界相见、相拥、相知,才能与世界融入、对话、创造。没有主体性的孩子在世界面前是卑微的、是退缩的,在与世界的相遇中是激不起火花的。

一个具有主体性的孩子必然是在一种自由的、信任的氛围中成长的。在这样的氛围中,儿童不会因为不顺从而受到威胁或被抛弃,不会因为不小心做错而被惩罚,也不会因为想要得到认可而迎合其他人的意见。一个有主体性的儿童信任他的自发性,能对所有的事实和经验开放,敢于表达自己的意志和想法,也能在遇到挫折和困难时解决问题、寻求指导和帮助。

---

① [美]斯蒂芬·A.米切尔,[美]马格丽特·J.布莱克:《弗洛伊德及其后继者》,陈祉妍,黄峥,沈东郁译,商务印书馆2013年版,第154页。

第2章 父母的爱

六

世界是孩子的乐园，世界对孩子有着天然的吸引。孩子爱世界，爱一草一木、一石一沙，也爱大人们已经不爱的东西。大人们也要用自己的爱——尊重、信任、看见、包容、支持——去呵护去守护孩子对于世界的爱和深情。

爱，是一切的答案。爱，是互动的，既包括儿童青少年对世界、对生活、对大自然、对祖国、对父母、对教师的爱，也包括祖国、父母、教师对于儿童青少年的爱。爱，是比天空、比大海更深更广的存在。一个学生可以因为爱而全身心地投入某件事情，别人看起来再苦再累，他也享受其中；一个孩子因为有信任他、理解他、宽容他、支持他的父母和老师，可以勇敢地生活，就算遇到风风雨雨和挫折困难也会坚强地面对；一位父母或者教师，因为爱着他的孩子和学生，可以苦可以累，但看到孩子成长的笑脸，一切疲惫都消失了；一位战士，因为爱着他的祖国，可以牺牲自己年轻的生命。爱，给我们勇气、自信和力量，让我们感受幸福，让我们为自己感到骄傲。

心理学家弗洛姆在其名著《爱的艺术》中指出，爱是一种能力。每个人都渴望爱，但并不是每个人都能爱。只有那些人格发展比较好、有稳定自我的人，才有能力去爱。爱，首先意味一个人有稳定的自我，他对自我的认识是比较清楚的，知道自己是什么样的，知道自己的价值所在，有着基本的逻辑和现实区分能力，分得清是非、善恶、美丑。在这样一个基础上，他去爱。他爱什么？他爱的一定是那些美好的、有价值的事物。因为他自己本身也是一种美好的、有价值的存在。他愿意去接触那些美好的、有价值的存在，他尊重与呵护与他一样美好和有价值的存在。

当女性去"爱"一个渣男，是不是爱？这不是爱，这是在自我的发展中存在一个巨大的空洞和缺口，是一种不幸遇见另一种不幸，而不是一种美好遇见另一种美好。

一些父母或教师听不见孩子的声音和想法、看不到孩子真实的意愿，从来不愿意肯定孩子，最擅长打击孩子、嘲讽孩子、刺激孩子、羞辱孩子，还总是以"为你好""爱你"的名义，这也绝对不是爱。这是在毁坏。

爱，比被爱幸福。因为，爱是一种能力。能爱，意味着一个人的人格发展良好、自体比较稳定。

七

爱是尊重。尊重孩子是一个人，一个有着独立人格的

第2章 父母的爱

人。人何以为人？除了生理上、身体上的存在，人之所以为人根本上在于他是有意志的。他可以发出他的意愿，"我想这样""我想那样"；他可以表达他的想法，"我认为""我觉得"。尊重一个人，根本上来说就是尊重和回应他的愿望、他的想法。如果我们根本不在乎一个人说了什么、表达了什么，视其为无物，视其为不存在，就是不尊重这个人，更谈不上爱这个人。

爱是信任。信任孩子是一粒携带着生命基因的种子，有着自我生存、自我保护、向上向前的趋势和力量。信任孩子有着内在敏感的智慧，信任孩子天然的与世界链接的能力。信任孩子有自我成长、自我发展的力量，我们就要给予孩子自由，给予孩子空间，不去干扰他们，不用自己的意志取代他们的意志，恪守界限，静待花开。

爱是看见。看见孩子内在的生命动力和热烈的深情，看见孩子真实的需求和愿望，看见孩子的感受和心情。在和儿童相处过程中，我们强调要给予儿童一些空间和自由，其本质正是要让儿童感知和表达生命的自发性，让儿童的意愿和意志有可以表达、能被看见、可以实现的空间和机会。当儿童内心的想法、愿望和需求能够通过语言、艺术作品或者行为得以表达,并能够被家长和教师看见并承接时,儿童就慢慢将自己融入世界,儿童的自我就会像小树苗一样慢慢成长为独立的、可以经受风吹日晒的大树。

爱是如其所是。克里姆那希提认为,不带评判的观察是智力的最高形式。当我们面对一个孩子时,他是什么样的?当我们能够如是地观察到他目前的状态、能力、感受时,我们便能够做出适当的回应,就更能满足他的需要,促进他的成长。但,如果我们面对一个孩子,心里想的是,他应该是什么样的?我们头脑中就会升起评判、升起焦虑和狂躁,就会干扰我们真正地去看见他,回应他,真正地去直面事实,解决问题。

八

宠爱很好很难得。被宠爱是一种很好的感觉。我爸妈就挺宠爱我,对我好,他们明理、善良、温和、坚韧,总是给予孩子最无私的关爱和最温暖的力量。这样温柔宽容宠溺孩子的父母,对孩子确实是很大的抚慰。可能我天然地传承了这点,或者生而为人我本能地拥有这点,我对自己的孩子们也挺宠爱,我也觉得挺好。不管我父母对我还是我对女儿们,我都感觉到了爱和宠溺。有一个人总是对

第 2 章　父母的爱

你好，在乎你，考虑你的感受，照顾你的需求，夸你、鼓励你，这难道不好吗？当你在外面沾了许多的灰尘，灰溜溜地回到家，你还是她的孩子，她还是对你好；当你觉得天空有点暗，心情时不时地有些沮丧，你能想起世界上这份亮光，不管你身处何种境地，都能让你的心在一瞬间暖起来，这是多么美好的事。就算长到这么大了，还是被父母宠爱，我会觉得自己重要，会觉得世间美好，会觉得要更加努力。

我妈对我输入的总是正能量，总是善意的、温和的、宠溺的。她看起来是弱小的，她不艳丽，不张扬，没那么精明，不是能说会道的，但是她有一种内在隐忍的、温和而坚韧的善良和智慧。她可能不富有，但她会说要满足孩子们；她可能很瘦小，但她胸怀很大，她会说，没事，没关系，这算什么。她总是会鼓励、肯定和安慰孩子，总是从大局着眼。这种善良和智慧随着时光流淌愈加绽放光芒，让我觉得我妈心里有大宇宙，让她能够信任，能够施爱。也许，在父母身上，孩子就看到了整个的世界和宇宙，那里潜藏着最为深情和温柔的能量，让孩子能够微笑和勇敢。

真正的爱是宠不坏孩子的。只要大人和孩子都是正常的、有情感的、真实的人，能分得清是非、拎得清轻重，宠爱都不会造成什么大的问题。所谓惯坏了孩子的"溺爱"，不是爱太多，而是没有爱。父母没有爱的能力，要么将自我的意志汹涌般地扑向了孩子，淹没了与孩子之间的界限，将自我想要的满足借助于孩子而实现，要么是完全没有自我的意志，孩子发出的意志视为自己的意志而给予无限满足。无论哪一种，缺乏的都是真正爱的能力，没有成型的人格，没有边界的关系，都会让比较弱的孩子感觉到溺水般无法呼吸无法抵抗。

九

不论是做父母还是教师，我们自身的状态对孩子的成长有着无形而重要的影响。一位朋友说，之前认为幼儿园老师应该很有活力。但在儿子班里发现，有一位老师面无表情，注重纪律，她上课时幼儿安静，不敢大声说话。而另一位老师很有活力，动作、表情、语调都考虑到幼儿，幼儿课上也比较积极活跃。诸位可以想象一下，面无表情是什么样。我猜测，她的表情里没有笑容，也没有感情，语气语调没有爱意和温柔。不仅如此，她在呆板着脸的同时还一直在强调纪律，像打地鼠一样地敲击孩子们：谁说话了，谁大声了，谁没坐正了，谁又不乖了。这样的老师对年幼的孩子来说真的是梦魇吧。我在想，为什么一个老

第2章 父母的爱

师在如梦的年龄会在自己的生活中，会对自己的职业、会在面对自己的教育对象——那些可爱的孩子们的时候，变成这样一个面无表情，心里眼里只会挑孩子刺纠正孩子行为的人了呢？

爱人必先爱己。作家张德芬在《遇见未知的自己》这本书中写到：亲爱的，外面没有别人，只有你自己。那些消极颓废、吐槽抱怨、指责攻击的人，真的是外面的生活对不起他们吗？也许更多的是因为他们根本就不接纳自己。我们指责别人身上的那些缺点、挑剔别人所犯的那些错误，都是自己身上原本有之却不被自己接纳和包容的，我们把这些缺点和错误投射给了别人。当我们对自己不那么苛刻时，我们可能也会对别人更加宽容；当我们能更加接纳和原谅自己时，我们便能以包容温和的心态与眼光去看外面的世界，看自己的孩子，看我们的学生，我们就少了评判和执念。

我们够爱自己吗？我们能给自己打多少分？在女儿小时候，我问她，满分100分，你给妈妈打多少分？她说110分。当时很感动。她长大了，我心血来潮又问她这个问题，她说90分。我还是很感动。原本以为随着她长大，随着催作业吼她搞得大家也不那么愉快，我以为自己在她心目中的形象肯定大大下降了，结果还能得 90 分，真是默默感动得眼泪要掉下来。

我很多时候也总是觉得自己不好，可是女儿会觉得妈妈很好。很多时候，我们都低估了自己，也低估了自己对于周围人有多么重要。

除了爱自己，也去爱别人。愿意去了解人，了解人背后的故事。不标签化也不符号化一个人，不简单粗暴地评判一个人，保持灵活而开放的心态，不急于评判，不急于下结论，真诚地关心他，关心他的福祉，关心他的发展，关心他的快乐和幸福。

3. 守护

没有面子里子受损的不甘与羞耻，没有试图改变的执念和妄想，也没有对外界的曲意逢迎和讨好。有的是稳稳的在场和陪伴，不仅化解自己的情绪，也接住孩子的情绪和外界的情绪；有的是深深地相信和看见，相信孩子纯真的向往和渴望，看见孩子的愤怒和委屈。电影《魔童降世》里李靖和殷夫人提供了如何做好父母的绝佳范本。

一

汲取天地灵气日月精华的混元珠，仙气与魔气缠绕一起，善恶不分。元始天尊炼化了混元珠而分离出灵珠和魔丸。魔丸坚不可摧，因而元始天尊对魔丸施下天劫咒，三年后引天雷下凡摧毁魔丸，而灵珠将投胎为陈塘关总兵李靖的儿子。申公豹偷拿灵珠注入龙族的龙蛋试图让龙子获得无边灵通封神登天，而将魔丸投胎于李靖之子哪吒。

在影片中，哪吒自信满满地喊出："我命由我不由天！是魔是仙，我自己说了算！这是爹教我的道理！"正是父母对哪吒的相信和爱的守护，让哪吒从一个看似暴戾的孩子成长为一个自信满满的孩子。

　　原初的能量是汹涌的。最重要的，还是在于守护和引导。哪吒虽然遭到了外界铺天盖地的误解与污名化，但他很庆幸拥有非常爱他的父母和师傅。正是李靖和殷夫人夫妇、师傅太乙真人对哪吒的守护和爱，让哪吒汹涌的非凡能量得到了疏导，让原本魔丸出身的哪吒最终拯救了陈塘关。

　　《魔童降世》中开始最打动我的一个细节是，哪吒第一次感受到妈妈的爱。魔丸转世的哪吒释放火焰般的能量，攻击外界。太乙真人欲斩杀哪吒，以除后患。太乙真人举刀落下之时，殷夫人冲上前去抱住哪吒，脸上挨了一刀。她哭着说，别伤害我的孩子，别伤害我的孩子。一位白胡子老爷爷要李靖杀了哪吒，并举起高高的道德大旗："李大人，陈塘关世代抵御妖族，关内百姓和妖魔不共戴天，事已至此，还望李大人以大局为重，做军民之表率。"哪吒不甘束手就擒，欲挣脱出妈妈的怀抱，他狠狠咬了妈妈的手臂。但就算太乙真人在一边说你看你看（哪吒是有魔性的呀，哪吒会伤害你的呀），哪吒的妈妈仍然抱住了他，说："别怕，娘在这儿。"这个时刻，哪吒忽然变得不一样了，

第2章 父母的爱

他不是那么愤怒，那么激动了，他整个人都柔和了。他望向妈妈，在妈妈的怀里，母子确认了爱的眼神。哪吒狠狠咬了妈妈的胳膊，妈妈依然抱紧他依然安抚他不怕，哪吒在妈妈的怀抱里，在妈妈的眼神里，感受到了爱。就算"德高望重"的白胡子老爷爷让李靖以大局为重杀了哪吒，李靖也不为所动，他和殷夫人一起守护着这个一出生就不被祝福的孩子。

这种爱，无关哪吒是魔丸还是灵珠，无关哪吒是善还是恶；这种爱，源自父母孩子之间天然的亲情。这种父母孩子之间本能的爱，是不由自主的心疼和保护，是没有理由的相信和包容。

二

《魔童降世》中哪吒的父亲——陈塘关总兵李靖，是一位智慧、深情、有担当的父亲。在殷夫人担心无助的时候，他说，"有我在，孩儿不会有事"；天尊给哪吒施下天劫咒，他跟随太乙真人上天去求天尊解咒，在得知天劫咒无解时，他愿意代替哪吒被天雷击中；殷夫人希望哪吒在短短的三年中快快乐乐开开心心，作为父亲的他何尝不想哪吒开心快乐，但他更懂哪吒的心，他说，我不想哪吒浑浑噩噩过一生,哪吒也不想死了都被当妖怪;在哪吒被群众误会伤了小伙伴,李靖细心地观察到哪吒手上的黏液是海夜叉留下的,为哪吒解除误会;在商议哪吒生辰宴时,殷夫人担心百姓对哪吒误解很深不肯来,他说,我就算挨家挨户磕头,也要把大家请来;他告诉哪吒,别人的看法不重要,你是谁自己说了算;每次当哪吒受到外界的误解、指责和语言暴力而怒不可遏要出手伤人时,李靖都挡住了他。

从某种意义上说,殷夫人和李靖绝对算是宠娃狂魔。父母对这么一个魔丸转世的小孩呵护之至、宠爱之至:为了哪吒他们愿意辞去官职;为了哪吒他们可以牺牲自己的生命;当哪吒闯了祸事时,父母永远站在哪吒前面磨着老脸给外界解释,从来不会和外界一起责骂哪吒。父母对哪吒算是"溺爱"吗?我觉得李靖夫妇对哪吒"爱而不溺"。他们对哪吒的爱里,既有可以牺牲生命的心疼与呵护,也有深深的信任和懂得,更有最基本的是非观和善恶观。父母对哪吒的宠爱,既有炽热而浓烈的情感,也深含智慧与理性。

如果说,这种炽热而浓烈的情感是出于所有动物天生的对于下一代的疼爱与呵护,那么,这种智慧和理性就是人类所独有的且更为难得。然而,这种智慧和理性虽然难得，实际上得来也并不困难。这种智慧和理性，这种对于孩子由衷的相信与看见本质上是源于人我之间的"感同身受"。这种感同身受是这样的：我虽然不是你，但我能体会你的感受，相信你的感受。因为假如我处于你当下的这个位置，我也可能会有如你一样的感受。就像哪吒父亲说，我不想哪吒浑浑噩噩一辈子，哪吒也不想到死都被当成妖怪；就像哪吒母亲说，其实你也想要人们接受你，只是人们的偏见让你受了委屈。哪吒的父母懂得哪吒，理解哪吒。这种懂得，这种理解，并不需要高深的学问和技巧，而更在于父母是否能设身处地、感同身受。

对于李靖和殷夫人来说，最为难得的，是对哪吒由衷地相信和深深的理解。即使哪吒是魔丸再世，即使哪吒生性顽劣，父母都始终相信哪吒是向上向善向好的。母亲问他："其实你心里是想被人们接受的对不对？只是因为别人的偏见让你受了委屈。"小小的哪吒，外表冷漠而不在乎，但内心里还是渴望别人喜欢他、认可他、希望能够证明自己。他和敖丙踢毽子，踢得那么开心，踢着踢着就忽然为这么难得的友情和快乐流下眼泪，却又觉得丢人而不承认流泪；他急于做些什么向人们证明自己，却没想到反而招致更多的误会。但不管怎样，父母始终相信他，始终和他

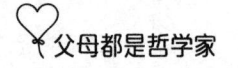

在一起，始终站在他身边，为他遮住漫天风雨，扛下谩骂误会。

没有面子里子受损的不甘与恐惧，没有试图改变的执念和妄想，也没有对外界的曲意逢迎和讨好。有的是稳稳的在场和陪伴，不仅化解自己的情绪，也接住孩子的情绪和外界的情绪；有的是深深地相信和看见，相信孩子纯真的向往和渴望，看见孩子的愤怒和委屈。李靖和殷夫人提供了如何做好父母的绝佳范本。

三

诚然，李靖和殷夫人不是神，他们也是凡人，也有没有办法的时候，也有力有不逮的时候，他们也不是完美父母，他们也没有给予哪吒足够的陪伴。但是，李靖和殷夫人对儿子的信任、理解与呵护一直都是纯粹的，这种信任、理解与呵护里面没有掺杂他们对自身命运的不甘和对儿子的抱怨。他们一开始就接受了自己儿子是魔丸再世这个事实。他们接受了这个命运，接受了这个事实，也正因为此，他们就基于这种命运这种事实去做自己该做的事。这一点也许才是绝大多数为人父母者难以做到的事。我们有多抗拒我们拥有的一切？我们有多大的执念想要去改造去改变我们的孩子？我们不甘、我们埋怨："为什么会这样？""为什么我们会有一个混世魔王而不是灵珠？""魔丸要变成灵珠才好！"相反，我们不会在接受事实的基础上去想，"如果是这样，我可以做些什么？"

哪吒父母从没有打着为哪吒好的名义打骂哪吒，从没有打着爱哪吒的名义把哪吒推出去向外界认错。他们真诚又勇敢，他们知道哪吒是什么样的孩子，他们安然接受这样的孩子，并不妄想改变这样的事实。他们就算恐惧也是恐惧失去哪吒，而不是恐惧这样的孩子带给自己的威胁。哪吒父母也知道是外界误会了哪吒，但他们并不会想要去讨好外界从而避免这样一个混世小魔王带给自己生活的种种不安和威胁。

身为陈塘关总兵的李靖及其夫人，生下一个魔丸哪吒，他们遭受的压力有多大？他们得到的指责有多少？不仅如此，他们还要面对一个受尽委屈满心怒火的儿子，他们还要面临三年之后将会失去宝贝儿子的命运，他们有多委屈、无奈，有多伤心、无助？但他们真的无愧于父母的称号，他们化解了自己遭受的压力和指责，从来不曾将自己的委屈、无奈、伤心、无助抛向哪吒，从来不会甩锅给哪吒。

他们不会怪罪说："都是因为你我们的日子才这么不好过"，也不会指责"你为什么不能争气点"，更不会为了自己的面子通过打骂哪吒去讨好外界，不仅如此，他们还为小小的哪吒撑起了一片天。

四

小小的哪吒不明白，为什么他刚一出生，人们就视他为恶魔，就认为他会做坏事？为什么他真心真意地和小伙伴玩耍，那些周围的村民却害怕他伤害小伙伴？这是年幼的哪吒还没有办法处理的情感。他迷惑，他无助，他愤怒，对外的攻击是在表达和释放他所有的不解和不满。哪吒的父母没有被外界铺天盖地的偏见、指责搞垮，他们一直稳稳地站在哪吒身边，保护他，信任他，支持他，化解他的困惑。李靖告诉哪吒："爹一直对你很严，知道你心里有气。别在意别人的看法，你是谁，只有你自己说了才算。"父母把风雨都挡在门外，过滤掉外界的烂泥污水，让哪吒看到最清澈的世界，回到自己的中心，蓄积内在的力量。正因为有这样的父母，哪吒能够自信满满地喊出："别人的看法都是狗屁，你是谁只有你自己说了才算，这是爹教我的道理。"

第2章 父母的爱

哪吒的魔性，其实也是人类生而具有的能量和活力，是生命力的体现。最终哪吒是打开乾坤圈启用了魔性的能量保护了陈塘关。孩子成长过程中，在释放生命本能和活力的过程中，他可能是莽撞的，可能不能收放自如，会碰撞到其他人，会触碰到一些既成的规则。所以，在生命之初，生命的能量是带着点魔性的。孩子本身并无恶意，只是他还不能很好地运用他的能量，这时候孩子需要成人的接纳、包容和理解。成人如果严厉地惩罚他，报复他，评判他，那么哪吒魔性的能量就得不到疏导，得不到疏导的能量就会真的变成毁坏的能量。殷夫人紧抱哪吒，因为那是她的孩子，她不允许别人伤害他、诋毁他。哪吒的父母双亲为哪吒撑起了一片澄明的天空。

电影中的乾坤圈，很像孙悟空的紧箍咒。乾坤圈锁住了哪吒大部分的能量，这就像是社会规则一样，在一定程度上约束了个体的能量和行为。当去掉乾坤圈后，哪吒的能量会大大增强，但同时哪吒会失去意识，能量会失控。我们很多时候都会担心说，这熊孩子，不管着点，还得了？但在这部电影中，我们可以看到，在哪吒父母和师傅爱的信任和滋养中，哪吒自己就可以控制能量。最后他解开乾坤圈释放能量去战斗的时候，他说，不能全开，会失去意识。这就是一个孩子的成长。这个过程中，成人是怎样的姿态和角色？不是说，不管着点，不打着点骂着点狠着点，熊孩子们就能量失控了，就会翻天了；而是，当孩子感受到接纳、信任、抱持和无条件爱的时候，孩子自己就能控制自己的能量。他一方面会将自己的能量和活力释放到最大，因为有信任他爱他的父母师长，他敢于释放自己的能量而不担心会受到惩罚和抛弃，另一方面他又会保留清醒的意识控制能量，以免伤害到他人。能量得到接纳、信任和祝福，就生成了生命奔涌的活力，带来无尽的可能和创造；而被评判和诋毁的能量，就被压抑和歪曲了，就像被封了印，不见天日，甚至成为涌动的暗流对个体造成伤害。正是爱的荣耀和光芒给了哪吒选择做自己的勇气。

4. 接纳

接纳，就是如实地观察和看待事实而不评判，看到并顺应事物原本的样子而不掺入自己的执念与妄想。

一

有的父母能分门别类地列出孩子在家庭生活、校园生活和学习等各方面的所谓种种问题，多达几十条。他们去请教专家这样的孩子怎么办。虽然我不知道具体的情况是什么样的，但父母这种做法给人的感觉是，父母眼里看到的全是自己孩子的缺点和问题，想的都是怎么解决问题怎么纠正缺点，根本看不到整体的孩子。一个旁观者看到父母的这种做法都感觉到压抑，都会觉得这个孩子太委屈了，无法想象身在其中的孩子每天都是怎么过来的。我认为这种只会挑孩子刺的态度、父母完全不接纳孩子的心境正是导致孩子出问题的根本所在。

永远都有这样的人：对于孩子，他们总是不满意，百般挑剔，就算孩子已经很好，他们也能看出不好；对于社会，他们也总是不满意，不管社会已经做了多少努力，已经变得更好，他们也总是能挑出一些毛病来。

如果想找孩子身上的错误和缺点，总归是能找得到的。任何一个人都不可能是完美的人，都会有这样那样的错误和缺点。但是，孩子不是要把身上所有错误和缺点全部改正了才能成长，这是不可能的事。如果哪位家长或老师这样要求自己的孩子，要求孩子改掉身上所有成人认为的错误和缺点，那么，这个孩子直接就会废掉了。因为只有他不动，他什么也不做，才会达到这个要求。但凡他是一个人，但凡他活动，但凡他做事，总免不了有些差错。家长或教师应该转换视角，不要盯着错误和缺点，要看到整体和大方向，看到孩子涌动的活力和能量。他有活力，有神采，有好奇，有喜悦，这就好了。孩子的活力和喜悦，就像大海，那些小错误小毛病就是几片浪花。

作为一个孩子，他在最初接触世界的时候，也是忐忑的。他也不知道他是怎样的、世界是怎样的。当他试探地行动时，随后得到的反馈对他来说是很重要的。如果世界的回应是欢迎的、鼓励的、包容的，他就可能更进一步尝试，会与世界有更多的接触和互动，从而有更大的进步和成长。如果世界是排斥、拒绝、严苛的，他就会退缩。而孩子最初的世界，就是和孩子最亲密的父母。所以，父母的态度、眼界和格局对孩子的成长起着最基础的作用。

我们要多去夸夸孩子，鼓励他。有的父母会觉得孩子没有什么可以夸奖的。有这样想法的父母也许是认为孩子作出了成绩或者得到了奖状，才值得夸奖。这是太过于注重外界的认可和肯定。孩子是有情感的生动的人，不能总是用功利的、工具性的眼光去对待他。孩子笑得很甜，声音好听，很萌很可爱……这些无法用具体的指标去评估，但却是在父母孩子之间流动的深深的爱，是世上任何物质都无法比拟的。

二

有些父母和孩子说话，一下子就能把孩子讲得爆起来，父母还转而责怪孩子情绪太差。父母根本没有意识到这是为什么。他和孩子说话的时候，心里就塞满了对孩子的这种不满那种不满，孩子在他心里就是各种问题各种不好，他的观念中就没有孩子的一点私密、一点空间、一点不堪，就想要把孩子的一切看透看破看穿。因此，当他和孩子说话的时候，就带着一种高高在上的优越感，一种即将要开始谆谆教诲的架势。父母内心里这种看待孩子的想法貌似深藏不露，但却掩饰不住地流露在自己的表情、语气语调等肢体语言中。如果我们父母内心里就急着想要去改造孩子，就觉得孩子问题一大堆，这方面需要纠正，那方面也需要提升，父母真以为孩子感觉不到，真以为孩子不抵触？孩子对此是异常敏感的。没有哪个人想要被别人认为自己是错误的、是不好的。就算孩子的行为需要纠正，也要建立在他整个人是被基本接纳的前提下。他能感受到他的整个人基本上是好的，是被接纳的，他就愿意去做出改变。

父母总是喜欢说，我都是为你好。可是父母们有没有想过，这句话向孩子传递了什么？

父母之所以需要说"我都是为你好"，是因为他的语言和行为已经受到了孩子的抵触和抗拒，所以他需要以此作为辩解。孩子也并不是真的就看不到这种"好"里隐含的值得去吸收和借鉴的部分，但孩子抵触和抗拒的是什么？

父母在说"我都是为你好"的时候，他就免不了是说教的、居高临下的，是一副"我比你厉害，我比你有经验""我对你错"的姿态。总是以这种语气和姿态去说话，意味着什么？意味着在父母眼里，孩子就是啥也不懂，就是各种问题需要解决，各种毛病需要纠正。在这样一种关系里，孩子怎么可能去接受父母所谓的好的建议和经验？如果孩子可以说一句发自内心的话，那一定会是，"爸爸妈妈，我在你们心中就这么不好，这么不堪？什么都需要你

第2章 父母的爱

们来教我，需要你们来指正？"

总是去纠正孩子，总是去建议孩子，真的不是对孩子的好，而是不好。这种不好的感受来自不接纳。不被接纳，就等于说你这个人不好，这往往意味着对整个人的否定。孩子感受到不被接纳，真的是非常糟糕的感受。没有什么比不被接纳更能打击一个初入世界的孩子了。作为成人，当我们看到孩子因为被指责因为不被接纳而抗议而痛苦，却能无动于衷，却能继续进行语言暴力，这样做绝对不是爱孩子。

真爱着，会笑意盈盈，眼神里会有欢喜和愉悦，会有相互给予的空间和包容，会有"没事儿""没关系"的轻松和安抚。而一个人感受到接纳和爱，就会主动纠错，就会自动向好。

我们在别人的眼里——尤其是在比较重要的人比如父母、教师、朋友的眼里——看到自己。我们不仅看到自己的优点和缺点，也从这些对我们重要的人的眼里，整体上感觉到我们是什么样的人：是一个重要的人吗？是一个基本好的人吗？是一个被爱着的人吗？这些感受对一个人来说是关键的，对一份关系来说是关键的。如果我们被频频挑刺、动辄得咎，这也不好那也不对，我们会感到，他根本不爱我，我对他不重要，我在他眼里全是不好、全是不堪、全是错，我怎么什么都做不好，我真的很差劲真的很失败。这样的关系，非常的脆弱，暗含危机，硝烟四起，剑拔弩张，一触即发。如果是可以远离的关系，比如一般的朋友之类，这样的关系必定会远离了。但如果是无可选择的关系，比如亲子关系、师生关系，被贬抑的一方心里已经充斥了满满的挫折、郁闷和不满。当遇到最后一根稻草的时候，这些平日里积攒的愤怒和不满就会爆发出来，伤人伤己。

当我们觉得"我是为孩子好怎么孩子就不领情"时，真的不必满腹抱怨和委屈。想一想，我们是真的对孩子好吗？我们是真的爱他吗？我们是否会去听听他的内心，是否在意他的想法？我们是否有意愿有兴趣关注和理解在他身上具体发生了什么？如果不是这样，如果我们只是想要去强加自己的意志，发泄自己的情绪，遭到对方抵触和抗拒后，弱弱地用一句"我是对你好"来粉饰和辩解，那我们做父母的真需要好好反省。

记得之前去班里看一个特殊孩子。他脱掉衣服，只剩个小裤头，躺在地上。老师试图从很多方面找原因，试图看哪个环节的问题导致他这样。我们试图找原因的初衷是想找到解决的办法，想让他尽快平静下来，回到正轨。但是这样收效甚微，因为我们缺乏的是真正关心他、了解他，真正想去满足他，真正想去听听他想干什么。也许我们没有兴趣知道他内心真正在想什么，我们只关心自己：课堂会不会失控？正常的活动有没有被突如其来的事件打断？秩序什么时候能够回归正常？也许我们知道，即使我们了解了他内心真正的想法，我们可能也没有办法满足他：他想要离开这个课堂，他想走进大自然自由自在，我们可以满足他吗？家长可以满足他吗？教师可能受到既定的教学与生活计划的限制，不能满足个别孩子的需求，家长也可能担心如果放任孩子脱离课堂孩子可能会变得无法无天而不会满足他。

当我们成人心里只有自己的想法而容不下孩子的想法，当我们一心只想改变孩子使他们顺应成人顺应学校，而不是接纳他不是尝试调整我们而去对他有一些关心和满足的时候，我们可能并不能让现有状况变得更好。

三

让孩子感觉到自己的好，是最最重要的事。孩子生命的本能和潜质是无尽的奔涌的源泉。没有人知道这种生命本能和潜质的边界在哪里：专家不知道，父母不知道，甚至孩子自己也不知道。我们甚至可以用魔法形容人类的想象力、创造力等这些生命能量。对自然、神秘、强大的生命而言，开启能量的按钮和钥匙显然不存在于能够说出来的只言片语上。生命能量只能由生命的主人施展与发挥。

正是因为生命的神秘、广阔和无垠，其实作为生命主人的我们自己也是没底的。因此，我们才有那么深刻而迷茫的追问：生命究竟应该如何度过？可是，生命并没有绝对权威的、唯一的、统一的指南和准则。也许，依据生命的本性与本能生活才是顺应生命最自然的道路。孩子们由于并无先在的规矩与准则，他们更能够顺应本心自然地生活。

当孩子发现，自己依照生命本性生活不仅是正当的权利而且能够得到周围世界善意回应与鼓励的时候，他就得到了反馈。他开始慢慢地、逐渐地愈加信任自己的本性和本能，也在与现实世界的接触中不断修正自己，不断获得对自己本性与本能的顺应与自觉。在这个过程中，最关键的因素就是，孩子能够感受到自己的好。他感受到他的好，意味着他感受到他体内蕴含的无尽的奔涌的生命能量是好的，他基本上可以安心地、自然地释放与表达，而不用担心和顾忌这些能量会导致伤害、惩罚或羞辱。

第2章 父母的爱

很多孩子喜欢《冰雪奇缘》，喜欢艾莎。艾莎恐惧自己体内不可控的魔法会给王国和最亲的人带来伤害。她关起房门，任凭妹妹在门外等待；她逃得远远的，哪怕一个人承受孤独。最终，真爱解封了魔法，真爱让艾莎驾驭魔法。

孩子体内同样拥有神奇的魔法。孩子体内不可知的巨大的能量会是怎样的？如果在父母的善意、肯定、鼓励、引导和温柔中，孩子知道自己是好的，她就敢释放她的魔法和能量，她就能驾驭她的魔法和能量。如果孩子总是被批判、否定、控制和辱骂，她觉得自己不好，她担心自己的能量会带来伤害，她就会退缩，就会躲避，就会自闭。

当孩子关起门来，当孩子退缩时，当孩子害怕时，她只是在担心呀，担心自己发出的能量是坏的，担心伤害到别人，伤害到世界。

所以，父母们啊，多夸夸孩子，多鼓励孩子，多肯定孩子，让孩子觉得自己好，她就会自信，她就会不担心不害怕，她的魔法和能量就会源源不断地释放，造就一个美丽神奇的王国。而你，是女王的父母，多么荣幸！

当然，孩子由于年龄尚小，认知、经验与自控能力等都还没有得到比较完善的发展，其行为与想法有时难免会不那么符合规范。但，只要周围的世界能够看到孩子原本善意的动力与动机，也给予孩子善意的反馈，那么在这样友好善意的环境下，孩子的生命能量与动力就能得到很好的释放和疏导。

相反，如果孩子身处动辄得咎、处处被挑毛病和问题的环境中，他便会感到无所适从。他不知道他要怎么做才对、做到什么程度才好。灵动的、无限的生命活力和能量被冰封了。原本轻盈的、生动的、美好的、有着无限畅想的生命，变得无比的压抑、沉重、羞辱与无力。孩子会变得没有主动性、没有活力、愤怒和暴躁。当然了，有人对他的生命如此的摧残与压制，他怎么可能不愤怒不气愤？

四

有时候，父母会被孩子搞得生无可恋。你不顺她意，她就会哭得天翻地覆。如果你不是那种立志"我就不信搞不过你这个小孩"的人，那就乖乖认怂。这时候，你硬要去和她较劲的话，带来的麻烦实在太大了。

我家的这个小二宝，脾气有时候就特别的倔，真的会哭得惊天动地，什么道理也讲不通，也弄不清楚她到底要怎样，只能摸索着做一些可能会令她舒服的事，等待这个

第2章 父母的爱

让人崩溃的时刻过去,这实在是对父母耐心的极大考验。当然,纵使父母再好脾气,也有吃不消的时候,我也常常不耐烦,让她爸爸接手。这时候,还真没有一个特别好的方法或者什么育儿技巧能解救我们于崩溃的边缘。或许有,但目前我的修行还没达到。

我想,每一位父母都是普通的、有局限的父母,都不可能达到很高的修行和境界再去做父母。能承认自己是普通父母,承认自己有局限,承认自己没有出奇制胜的绝招,能够默默地承受和忍耐,等待暴风雨过去等待彩虹出来,这样的父母,就是修行高的父母。相反,如果父母特别的急躁,认为自己被一个小毛孩搅得天翻地覆实在是没有面子,认为自己必须一招制胜解决目前的混乱局面,那无外乎就是极大地缩短孩子哭闹的时间,时间被极大压缩也就意味着简单粗暴手段的使用。大人免于折磨,孩子就要受苦。而且,很多时候,孩子真的有一种"要使我屈服,除非灭了我"的气概。但我们下不去手,因为真没必要和一个小小的孩子斗争到底。孩子当然也会屈服,也会妥协,也会配合我们。但他们的屈服、妥协、灵活和配合也正是在大人身上看到的。他们从大人身上学习有些事是可以妥协的,是需要灵活处理的,是可以延迟满足的。所以,不如淡定一些,她哭就哭吧,尽量提高自己的耐受力,实在受不了，找个人接手，或者尽量去摸索一些让孩子好受的办法，一起度过这个特别的时刻。小孩子闹起来就是磨人的小妖精，平静下来就是可爱的小公主。绝大部分时间小宝宝是平静喜悦的。正是因为看到了孩子整体的一个状态，父母才能淡定平和从容，也能够忍耐孩子一些特别的胡闹时刻。

在这样的时刻，父母最难得的品质就是认怂。或者可以说，没有父母能拥有出奇制胜的妙招。承认这一点，在孩子强烈地表达自己的意愿时，在自己无力把控局面时，不攻击孩子"怎么会有这样的孩子"，也不攻击自己"我怎么这么无能，连个孩子都安抚不了"，能够在暂时混乱的局面里待着，能够承认自己的无能为力，能够允许孩子是这样的一个状态，能够认怂，就是很难得了吧！

能够放过自己的父母，才能放过孩子；能够接纳自己的父母，才能接纳孩子。

五

每个人的内心都是波澜壮阔的，都在渴望被看见。当我们信奉的理念是"不优秀，不能活"时，我们每一天里遇见的人和事都会考验到自己的存在感。遇到对你不好的

第 2 章　父母的爱

人，会想：等着，终有一天我会好的！遇见对你好的人，会想：谢谢，我会好的！然而，任何一个人也不可能一直站在舞台的中央，众星捧月。生命里的每一天每一时刻，大概率是平淡平凡简单的。我们必须学会和平淡的时光以及平凡的自己相处。每个人终其一生最大的功课，就是学会安然地接受自己，接受自己是平凡的人，接受自己不优秀也可以好好的。

不论是成年人还是孩子，能够接纳自己的生活日复一日、简单平凡，都需要足够的勇气和韧性。可能你的生活，一直都很沉闷，没有亮色。整个人都灰灰的，不起眼，都不会是吸引人的那个，从来都没有做到过前列，也没有得到过认可。这样的闷声不响，似乎需要扯起喉咙向世界大喊几声，方能向世界宣告："看看我""我存在"。可是很多时候，世界是听不见的。我们依然得低叹一声，默默然地继续生活。

我们都会有无力、迷糊、状态不太好的时候，外界却似乎从来不会停止对我们的要求和期待。生活并不会总是明媚，并不会总是闪亮。人内心里脆弱无助的地方很多，需要安抚的很多，需要慢慢地一步一步来。我们犯的最大错误，就是以为人应该总是积极地充满能量、打满鸡血，总是需要不断努力不断进取，总是保持一种昂扬的向上的姿态。但其实，做一个人真的很难。能看到一个人内心的无力和脆弱或许就是最大的关心了。

能够有勇气接纳简单平凡的生活，以生命的韧性度过每一天，这是生命的大规则。不过，即使人生的本色是简单平凡，人本身生而具有的人之为人的灵性与智慧，也总会让我们在平凡的日子里期待欣喜和光亮，在风雨的日子里期待雨过天晴后的彩虹。

如果一个人，即便终其一生也没有受到生活的青睐，但他依然能够心里有爱、眼里有光，在平凡的日子坚守、等待，能在简单平淡的生活里，看到自己的好，发现生活的美，感知到世界的善意，也能释放自己的善意，都是值得尊敬的勇士。

5. 较劲

方枪枪:"为什么我没有小红花?"

老师:"因为你昨天晚上又尿床了,今天早上不是自己穿的衣服,上完厕所也没有自觉洗手,所以没有小红花。"

——《看上去很美》

《看上去很美》这部影片之前一直没看,在网上看了一些影评后,更有种不太敢看的感觉。

这种不太敢看是因为什么呢?是担心它赤裸裸地说出了真相,刺破了我们对生活还保留的一些幻想?还是担心影片里的孩子身处那样一种压抑的环境我却没有勇气隔着屏幕去体验?

一

这些孩子们是全托在幼儿园的。全托这种方式不太好。这么小的孩子肯定是和家人生活在一起更有利于孩子的成长(前提是孩子的家人都人格正常)。

但生活和人生是有局限的。也许这些孩子的家人因为各种各样的原因不得不把孩子送到幼儿园。有的也许是因为家人工作忙碌，根本没有精力和时间照顾孩子；有的也许是因为想让孩子早点接受学校的教育与启蒙。总之，孩子们因为各种不同的原因来到了幼儿园，整天和幼儿园的老师阿姨以及其他孩子们吃、睡、住，生活在一起。

即使由于这样那样的原因，孩子们不得不来到幼儿园，他们在幼儿园的生活其实也可以挺快乐。有小伙伴，有游乐设施，有音乐，有游戏。这些资源，孩子在家里不一定能得到。

所以，幼小孩子全托在幼儿园，可以说是基于现实的一种比较好的选择。因为绝大多数人工作的性质决定了他们都没有办法白天亲自带孩子。甚至很多人早出晚归，把孩子送到幼儿园或者不得不全托对于他们来说是还算挺好的选择。

所以，我就没办法去指责方枪枪的父亲，即使方枪枪不愿意，父亲也狠心留他在幼儿园。凭什么去指责这位父亲呢？我不知道他处于什么样的境况。如果我处于他的境况，也许我也只能这样做。

在这么幼小的年龄，谁不想待在父母家人的身边，待在温暖的、欢笑的、有爱的家里，自在、自由、放松。在

第2章 父母的爱

家里,想待在哪就待在哪,想吃点啥就吃点啥,什么时候要撒尿拉屎了就去撒尿拉屎。虽然有时候父母难免会骂两声,但在父母身边,孩子总是安心的。连梦都会是安心的。

但来到了幼儿园,要过一种集体生活,孩子们必须服从统一的规矩和流程。一起吃饭,一起玩乐,一起睡觉。任何组织都需要这样的统一制度,以优化效率,支撑组织运转。

二

生活是现实的,人生是有局限的;父母可能是有苦衷的;幼儿园的集体运作也是必要的。

生活和人生的现实与局限,父母的不容易与苦衷,集体生活必须的统一与规矩,这些全都压在了孩子的身上。

孩子,其实是做了妥协的。虽然不想松开父亲的手,然而还是松开了;虽然集体生活有各种束缚与羁绊,他们也还是服从了。

然而,在孩子的妥协与服从之下,那些被生生分开的与父母家人的情感,那些被压抑的可以这样也可以那样的自由天性,那些想要被呵护、被疼爱、被肯定、被宽容的渴望,不仅没有消失,反而会更加强烈。

他们怀着一颗忐忑的心,来到了幼儿园。小小的他们面对的是，陌生的环境，陌生的成人，陌生的同伴，陌生的规矩。

其实这样的陌生，原本也没有关系。如果有爱和善意，有拥抱与微笑，陌生总会变得熟悉，甚至变得可亲。如果有关心与爱护，幼儿园本可以为孩子带来新的世界，成为孩子生命中的难忘时光。

可惜，这样的"如果"，在影片中没有发生。

三

其实，看完影片我在一时无语之时，首先想的一个问题是，影片中的李老师为什么是那个样子。为什么她对孩子们严酷、苛刻、歇斯底里，冷漠如机器人？生活对她做了什么？

她的那张脸，看似张牙舞爪的。但你看着，总觉得这张脸有很多愁，似乎下一瞬间就能流出很多很多的眼泪，能把你淹没。

也许在她的生命中，根本从来没有得到过爱，没有感受过爱。她不知道爱是什么，她没有被温柔地疼爱地拥抱过，没有被善意的肯定的宽容的微笑注视过。她的生命中只有严苛、规矩与冷漠，她只能以这样的方式对待别人。李老师不幸福。幸福的人不会那样。幸福的人不会那么神经紧张,不会一触即跳,不会锱铢必较,不会冷如冰霜,不会歇斯底里,不会和一个孩子较劲。

幸福的人是放松的、柔和的、灵活的、包容的、坚韧的。快乐幸福的感觉自然滋养了一种"没关系""可以这样也可以那样""有问题解决就好了"的心态。

幸福滋养了好的人格,好的人格又发出舒服顺畅的能量。

四

方枪枪看起来既懵懂又成熟。懵懂是因为他尚年幼,生活还有很多他无法懂得的世故;成熟是因为,即使他还幼小,内心也有着汹涌的与生俱来的对于爱和自由的渴望。

小红花不仅是一朵小红花。对于方枪枪来说,看似一朵简单的小红花,却代表着幼儿园陌生而规训的生活中的希望与快乐,代表着他小小的自我与幼儿园生活的融合与开始,代表着幼儿园里成人们表达出来的善意与接纳。

可是,竟然都没有。

成人们的内心是多么贫瘠,人格是多么萎缩,精神是多么狭隘。他们对于生活和生命的快感,只能从与一个年幼无知的儿童的较劲中获得。

年幼的方枪枪处于那种始终求而不得、始终不被理解与接纳的处境中，是一种怎样的压抑与绝望？

受不了的、吃不消的，就会乖乖服从，换得与陌生环境的融合与接纳，以缓解内心这种难以承受的孤单与无助。

而方枪枪，算是内心强大的。在这样被挤兑被强制的氛围中，仍然没有完全将自我交出来。

五

看电影前的忐忑还在于，担心影片描述的事情还在现实中发生着，而我正身处这样的现实，这会让人有种皇帝新装被看破的尴尬与羞耻。

还好没有。

因为从事的是学前教育工作，和幼儿园有很多接触，我知道影片中的描述不是现在幼儿园的现实了。或许是由于时代的进步，教育理念的更新，或许是因为我身处经济发达区域，相应的教育也较为发达，总之，我所见到的幼儿园，园所的文化和制度、教师们的理念和素质、整体环境和设施材料都是很好的。影片中的老师和影片描述的事情，即使有也是极个别的。

说到底，我心里的这种安心和宽慰，来自国家的不断发展与进步，来自感受到了生活中很多的爱与温暖。这让我相信身处新时代的孩子们会迎着阳光茁壮成长。

6. 看见

　　看见，不是形体上的看见。看见，是愿意走近一个人，凝视他，倾听他，跨过语言的千山万水，越过事物的重重迷雾，感觉他此刻的心情，懂得他真正的需要，听见他内心发出的爱的呼唤，看见他想要与世界链接的渴望。

一

　　孩子的感受、体验、愿望、需求和想法都是极其宝贵的。孩子的言语、行动以及借助于涂鸦、音乐等手段的种种表达，都是他当下内心的呈现，都是在与世界进行能量的互动：孩子感受着、表达着世界之于自己的意义，并向世界投入自己的深情。成人需要看到，在孩子那些尚显笨拙和稚嫩的表达背后，是多么质朴的深情和多么纯粹的勇敢。孩子们勇敢地表达自己，表达自己的爱，他们渴望自己的深情有人懂，有人回应。

　　成人绝不应该仅仅从表面上去看孩子的表达是否符合

词法和语法、是否符合绘画和乐理的标准、是否符合礼仪规范，却忽视了这些表达背后的深意。我们不能只是去看，只是去评判，只是去套用理论，而要用心灵去感知，用情感去共鸣。

当孩子断断续续说出几个不那么连贯的词时，重要的不是去判断他说得是否符合语法，不是去纠正他，而是用成人的敏感、经验和智慧去懂得他真正想要表达的：他的感受，他的喜欢，他的想法和他的需求。当孩子的心被看到、被懂得、被回应，他生命的通道就会逐渐被打开，生命的源泉不断涌现，流畅表达就会水到渠成。

但成人们缺乏必要的敏感和智慧去感应孩子此时此刻的内心，他们热衷于评判孩子的表达是否流利是否协调是否规范，热衷于让孩子们习得更多的更有技巧的表达方式和更标准更合乎规范的姿势。他们似乎更看重知识的形式和占有量，似乎总是在为孩子的未来做着更好的储备，而无视孩子当下的体验。孩子们在成人吹毛求疵般的精益求精和近乎狂热的执着占有中，要失去他们的灵性和勇敢了。等到孩子们终于学了很多技巧、占有了很多知识的时候，却再也没有想要表达的感受，也没有想要表达的欲望了。那些内心的火花、那些闪现的灵感、那些想要放声大唱的歌，在日复一日地纠正、日复一日地忽略中暗淡了、麻木了。那些技巧也终归只是技巧，也终归只是没有灵魂的"知道"而已了。有表达的内容和想要表达的欲望，远比会表达更重要。表达技巧可以很快学得到。但是，去表达什么、想要表达的欲望以及敢于表达的自信，却需要用心去培育。

二

《每个孩子都需要被看见》的作者认为，"实际上，满足孩子的需求或者给他们礼物，并不会真的毁掉孩子，真正毁掉孩子的，是忽略他们的真正需求"。

孩子希望自己是作为一个真正的人被看见——作为一个有情感、有想法、有需求、有局限的真实的人存在，而不是作为一个工具——一个能够完美匹配外界指令、一个可以自动按照固定程序运行、一个满足他人自恋和面子的工具。孩子对自己被工具化、被物化非常敏感。他们能够很直觉很敏锐地感受到别人是真心还是假意，是真诚还是敷衍。他们能够辨识别人是真正把自己作为一个人看待，还是仅仅对自己身上具有他人所需要的功能感兴趣。

如何对待我们的孩子？把我们自己和孩子都当成一个人。人是什么样的呢？人有思想、有情感、有理性、有个性。如果不把人当人,还能当成什么?

很久之前我看到过一个新闻。一个高中男生,考试考了第二名,他打电话告诉了妈妈。妈妈说:"为什么没考第一?"(之前男生一直都是第一名)男生放下电话,就跳楼了。

在这样的事件中,我们不能简单地去指责男生心理脆弱,不强大,指责他太自私,不顾父母养育之恩。换位思考一下,一个孩子,真的会因为妈妈这一句话就轻生吗?孩子心里在想什么呢?

如果一个孩子在家庭和学校里得到了比较多的关爱和尊重,他绝不会因为一句话就做傻事。相反,孩子是最不记仇的。就算你打了他骂了他,他可能转眼就会觉得什么也没发生,照样喊妈妈。那,孩子会因为什么做傻事呢?当他一直一直不被当成一个人看待的时候,当他的人生、他的生活、他整个人都被缩减成"成绩""第一名"的时候,他很可能就觉得人生毫无意义,毫无乐趣,毫不值得。

孩子首先是一个人,在他的生活和生命中一定会发生很多有趣的事,也一定会体验到生活和生命中的各种美好。他会有很多喜悦、很多快乐、很多感动,也会有很多伤心、很多委屈、很多说不出的难过。他可能会感叹春天的阳光

第2章 父母的爱

是多么美好，可能会为某一本小人书痴迷，也可能会因为看了一眼班上的某个女生而心动……如果在他的身边有一个人，尤其是他的爸爸妈妈，真心地因为他的快乐而快乐，因为他的痛苦而难过，那么他生命和生活中的这些小美好和小忧愁就会成为滋养他成长的养分，给他能量，勇敢前行。

相反，如果孩子生命和生活中发生的种种的一切，他的笑容、他的忧愁，统统没有人在意，没有人关心。无限丰富和宽广的人生只是被缩减为"成绩""名次""分数"，他不是被当成一个有思想、有情感、有理性、有个性的人的时候，而只是被当成一个"工具"——一个只配学习、一个只能用自己的成绩、名次和分数讨父母欢心的"工具"的时候，孩子的心是荒芜的、绝望的。

三

我们总说，教师面对的是人，人是有生命力、有灵魂、有精神、有情感的。有生命力、有灵魂、有精神、有情感是什么样的？我想，应该就像是凯鲁亚克在《达摩流浪者》中的那句名言"永远年轻，永远热泪盈眶"说的那样吧！人类的内心，既是柔软的也是勇敢的，纵使迷茫，也有希望；纵使被伤，也总向往；人类的内心，对这世界有天然的悲悯和深深的热爱……正是这柔软、勇敢、迷茫、希望、悲悯和热爱，成就了人性熠熠闪烁的光芒。这光芒，正是教育遥遥指向的地方。教育，要用真爱之吻，解开封存美丽的魔印。

2020年武汉遭遇新冠肺炎疫情期间，网上有两幅图片让我感动。一幅是救人的外卖小哥肖唐松，上班途中遇路人求助，他送对方去医院。路人被诊断为新冠肺炎，随后去世。肖唐松也被送入隔离点隔离，隔离期满复工。一幅是上海复旦大学附属中山医院的援鄂医疗队医生刘凯在护送患者做CT的途中，停下来，让已经住院近一个月的87岁老人欣赏了一次久违的日落。图片中的人物和故事令人深感震动，我看到了人类彼此之间深深的悲悯以及不管出于何种境地人的内心都充满对美的感受、追求和向往。因为他们，世界变得优雅而美好。

这，正是我们当今教育所要提倡的。我们不能只是注重理性知识和认识的堆积，而要关注灵魂与灵魂之间的看见、回应、感动和包容，关注人类深入骨髓的本能和爱。

四

孩子们希望世界看到自己内心深处的动力、爱和渴望。他们不希望成人仅仅根据自己的只言片语或者自己偶一为

第2章 父母的爱

之的行为举动而断章取义或横加评判。他们希望别人看见一个完整的自己,看见自己对真善美的向往,看见自己向上向前向好的动力,看见自己对独立、自主、自由的渴求,看见自己想要与世界建立链接的深情,看见自己对爱的呼唤。

孩子们难免词不达意,难免举止失当,难免冲动急躁。有智慧的成人绝不会仅仅根据孩子这些外在的表象就立刻做出反射般的回应。有智慧的成人会超越孩子外在的言行举止去感应孩子的内心,他们会真正站在孩子的立场善意地看待孩子。

蒙台梭利指出,"我们经常不理解儿童的语言,或者即使我们理解语言,也不理解他们赋予自己所用的词汇的意义"。因此,在任何时候,我们成人都"必须是儿童生命成长的帮助者,即使这意味着我们要花费大量的精力充当他的'翻译员'"。[①]

当一个孩子执拗地坚持自己做一件什么事情的时候,

[①] [意]玛利亚·蒙台梭利:《有吸收力的心灵》,方补课译,上海人民出版社2019年版,第146—148页。

这个孩子也许会被成人简单粗暴地认为"不听话"。如果孩子特别坚持和倔强，以至于他可能会动用他全身的能量来对抗外界对他意志的拂逆。孩子这种惊天动地的对抗常常很有可能被扣上一顶"问题孩子"的大帽子。孩子的坚持和倔强常常超乎我们的想象而把我们吓着了。受了惊吓感觉被冒犯了的成人一时思维短路、头脑空白，不知道该如何是好。为了维护自己那点可怜的尊严，成人不得已扔出攻击的话，给孩子扣上几顶大帽子，骂骂咧咧地落荒而逃。那些不肯败下阵来的成人誓与孩子"战斗到底"，凭借显而易见的身体上以及心理上的优势，他们当然战得过孩子。只是，原本一场力量悬殊的所谓"战斗"，还没开始，成人就已经输了。

美国著名催眠治疗师斯蒂芬·吉里根认为，"表面行为总有欠缺，但背后的动力没有欠缺"。孩子的表面行为五花八门、形形色色，有的哭闹、有的执拗、有的攻击、有的自闭……但在孩子各不相同的行为背后，他们内心的动力却是非常单纯一致的。孩子的内心是纯粹简单的，无非是那些他们内心愿望和需求的表达与满足。而孩子们受制于自己有限的认知、经验与能力，尚且无法将自己的愿望和需求正确表达并以适合的方式满足。成人有责任以用心的观察、敏锐的感知与设身处地的共情,倾听与洞悉孩子行为所传达的意义,看见孩子内心深处的渴望,并在与现实环境达成共识与平衡的基础上给予满足。

　　作为成人,我们某种意义上和孩子共享同一个世界,又在某种意义上我们和孩子分属不同的世界,注定无法完全知晓与懂得彼此。有的时候,我们懂得孩子的心,我们看见孩子的心;更多的时候,我们必须对我们无法完全知晓之事保持沉默,这种沉默是对人对己对宇宙最大的敬畏和尊重,让那些超越我们主观认知之外的事物安然运转、自在发展。只是因为疼惜,因为责任,因为信任,我们呵护着孩子们,努力理解他们,尽力服务于他们。

7. 承接

"它们不是妖怪,它们不会害人,也没什么好害怕的。对它们笑笑,它们是不会害你的。一阵子之后啊,它们自己会不见的。"

——《龙猫》

一

第一次看《龙猫》大概是十几年前了,影片中孩子们的纯真与欢笑、画面和音乐都很美好。龙猫也许是有的,也许是没有的,但不管有或者没有,童年都是好的,童年的幻想和童话都是美的。

之前看《龙猫》,孩子和龙猫是主角,大人们是背景。现在这个年纪再看《龙猫》,有了不一样的感受。现在,大人们走进了我的视野。

孩子们还小,世界对于她们来说还是一个过于庞大的存在。

第2章 父母的爱

这么大的世界,有广阔无垠的宇宙,有深不可测的大地,有神秘呼啸的森林,有各种各样的生物,有形形色色的人们。这个世界是什么样的?是好是坏,是美是丑,是善是恶?孩子们因为年纪尚小,经历有限,世界的面貌在她们眼中显得并不那么清晰与明朗。从某种意义上说,这种模糊与不清晰,让孩子对世界拥有了更多幻想,世界在孩子眼里有了更多可能。

在孩子来到一个陌生的环境,在孩子看见一些异样的事物,在孩子遭遇黑暗和困难时,她们本能地会受到惊吓,她们本能地会把陌生的、异样的事物想象成假想敌,想象成可怕的怪物。这样,她们会提高警觉,她们会准备防御或者攻击。

二

小月和小梅来到浴室,有点害怕。影片中呈现的是有一些黑黑的什么东西。这些黑黑的东西真的会有吗?我想,这不过是对孩子头脑中"害怕"这种感受的一种具体化。

小月说,"爸爸,这里有怪东西,一大堆黑黑的。"
爸爸是怎么反应的?爸爸自然是知道不可能有什么怪

东西的，但他没有用所谓大人的明智断然否定，也没有嘲笑孩子的傻气。爸爸认真地看了看，说，"你们看到的一定是灰尘精灵，不可能是什么怪东西啦！天气这么好，精灵是不可能出来的。我们从亮的地方一下子进到暗的地方，眼睛发昏，灰尘精灵就跑出来啦。"

噢，原来是这样，孩子们安心了，孩子们不怕了。她们嘻嘻笑着，喊着："灰尘精灵快点出来，你不出来就把你眼睛挖出来，哈哈哈！"

后来，姐妹俩又去找二楼的楼梯。楼梯上乌漆嘛黑的。姐妹俩还是有点害怕。这时，姐姐已经有一些能量了，至少在妹妹面前表现得勇敢了，她和妹妹说："小梅，不要怕，没什么好怕的，里面什么都没有。"

但她毕竟还是孩子，转身和爸爸说："爸爸，这里真的有怪东西！"爸爸回应："那真是太棒了，你们有的玩啦！"

那个起了很大风的晚上，孩子们担心地问爸爸："爸爸，我们房子破破烂烂的，会不会垮掉？"爸爸说："哈哈，要是才搬来就垮掉，那可怎么得了啊！"但是，风实在是太大了，连爸爸都开始有点无措了，但爸爸忽然大笑

第2章 父母的爱

起来。他和孩子们说:"我们一起大笑看看,可怕的东西就会跑光光啦!"

邻居的婆婆是个和善的老人。她对于年幼的小梅来说也是一个陌生的人。小梅躲在姐姐身后。婆婆慈祥地说:"哈哈哈,好活泼的孩子啊!好乖,你们好啊!这孩子真是聪明伶俐!"

小月和小梅的脚脏兮兮的。婆婆说:"嘿嘿,看样子啊,是煤煤虫在作怪。"

"煤煤虫?你说的煤煤虫是不是黑黑的、会爬楼梯,哇啦哇啦乱跑的那个啊?"

"就是它们,它们专门跑到没人住的旧房子里,然后屋子里就全部都是灰尘跟煤灰啦。记得我在小时候也看到过好几次呢,想不到原来你们两个也在这儿看到啦。"

爸爸替孩子们问:"婆婆,它们是妖怪吗?"

"它们不是妖怪,它们不会害人,也没什么好害怕的。对它们笑笑,它们是不会害你的。一阵子之后啊,它们自己会不见的。说不定啊,它们已经在天花板上讨论着该搬去哪里了呢。"

小月安慰小梅说:"小梅,它们很快就会不见啦!"

小梅这个时候不仅不怕了,还说:"那不好玩。"小月说:"不好玩,要是来这么一大堆怎么办?"

小梅说:"人家才不怕呢,人家才不怕那些呢。"

小梅和小月听小凯说自己家是鬼屋。爸爸听了笑着说:"记得爸爸以前啊,也喜欢这样捉弄小女生。爸爸从小就一直梦想能够住在鬼屋里面。"

小梅和小月在医院看到妈妈,对妈妈说起这件事。妈妈笑着说:"妈真想赶快出院,看看鬼长什么样子。"

小月说:"太好了,我还担心妈妈不喜欢那里。"妈妈说:"喜欢,那你们两个呢?"孩子们回答:"喜欢!妈妈,我也不怕鬼。"

三

影片前面用了很大的部分来处理孩子们的害怕。

世界很大,孩子很小。小小的孩子对大大的世界有很多想象。世界固然是美好的,有蓝蓝的天,洁净的云,长长远远的路和路上的风景。这些美好可能走进孩子的梦中,化作甜蜜和温柔,化身精灵和神奇。

但世界也不可避免地会有黑黑的怪东西,有忽然而起

第2章 父母的爱

的大风，有不期而至的大雨，有不得不面对的病痛和分离。人生的这些暗黑和苦痛，对小小的孩子来说，尚是不可承受之重。她们不知道这是怎么回事，她们还不知道怎么应对。她们在头脑中把这些东西想象成怪东西，想象成鬼。

多么幸运这世界除了有美好有精灵有暗黑有怪东西之外，还有像小月小梅的爸爸妈妈和婆婆这样的大人。

他们，也好像是上天派来的大大的精灵、老老的精灵，来守护着保护着年幼的孩子们。他们，好像有神奇的魔法，看得到孩子们的小小心思，看得到孩子们藏着的小小恐惧和担忧。生活和人生的重担虽然也压在他们身上，也许在孩子看不到的地方他们也会叹一口气，发一发愁，但面对孩子们时他们依然能够微笑着，淡然地，镇定地，告诉孩子："我年轻时也遇见过几次。它们没什么好害怕的，对它们笑笑，它们不会害你的。过一阵子就会不见的。"他们会在自己也害怕的时候，带着孩子们一起哈哈大笑，要把那些可怕的东西吓跑。

那些黑黑的怪东西，是黑暗，是不测，也是人生不可避免的困难、病痛和分离。孩子们的爸爸妈妈和婆婆，像大大的精灵一样，懂得孩子，安抚孩子，站在孩子的身边，扛下了漫天风雨。

因为大精灵们的温柔和坚定，因为大精灵们的乐观和微笑，孩子们不怕了，孩子们有力量了。世界在孩子们的眼中又重新变得美好起来。精灵般的大人们守护了孩子们的美梦，带给孩子们爱意、乐观和希望。孩子们可以看到龙猫，可以在还是忍不住担心害怕的时候好像有什么神奇的力量在帮助自己似的，变得勇敢变得有力量起来，孩子们可以做美美的梦啦。

然后，当孩子们变老的时候，也会把关于爱和善良、勇敢和希望、橡果子和龙猫的故事讲给她们自己的孩子们听。

四

当我遇到困惑的时候，我会和好友聊一聊。好友从她的角度说说自己的看法，让我得到安抚和宽慰。一些纠结于心的事就过去了。

遇到更大的困惑的时候，我会想，如果可以和一个很厉害的、能够洞悉一切的人谈一谈多好啊！

孩子们呢？大概也是这样的。当他们遇到一些困惑和纠结，他们也想找到他们认为人生历练和经验比较丰富的人去说一说，听听成人们的看法，这样一来，也许一些困

第2章 父母的爱

扰他们的问题就不是什么事了。

我见到过青春期孩子的心事。孩子用文字列出了几点困扰。我刚看到的时候，一时也有些不知所措：哎呀，这怎么办？要怎样才能排遣掉这些困扰？我都有点担心这个可怜的孩子深陷其中不堪其扰是多么难过。我内心里也是有些迷惑，甚至有点退缩，心想，我怕是面对不来。这些对孩子而言的困扰在一刹那间似乎也成了对我来说不可承受之重。

不过，当我和孩子面对面的时候，还是展现了一个成人应有的素养。我没有自以为了解他写的那些困扰，我没有装懂，没有提建议没有讲道理。我向他了解他写的那些情况和那些感受究竟是怎样一回事，请他用一些例子来说清楚。然后，我坦诚了我对他的感受。我说，我觉得你是一个逻辑清晰表达流畅内心敏感的孩子；你说的这些情况其实每个人多少也都会有；但我还不能够完全理解你说的那些感受，我想如果我再多了解一些你的生活，可能会更加理解你。

我愿意弄清他所说的话的意思，愿意听他讲他的困惑和感受，并且在听他讲的时候，我在感知面前这个孩子是怎样的：是完整的、有活力的人。

我在想，孩子遇到的问题究竟是怎样的一种性质？

是没关系的吗？是大家都会遇到的正常的事吧？但这种情况这种感觉确实对他造成了困扰。我不能轻描淡写地说，没事，没关系。这样的态度在孩子看来是敷衍的，等于在说，你的感受不重要，我忙着呢，没时间和心情关心这个，总会过去的，你自己消化一下吧！

是该郑重对待的吧？有些在孩子看来是很重要的事，其实只是因为他们还小，还没有经过生活历练，没有经过生活风浪，就把一些困惑当成了不得了的大事情。孩子们可能觉得，生活和人生必须有一个答案，而且得是标准答案。如果没有一个清晰的解答，或者自己生活的这个模板和别人的不同，这就成了一种困扰。此时，大人的意义就在于，用历经风霜的皮实和见过世面的豁达告诉孩子，这种困扰我也有，很多人都有，不用怕，继续走就可以。生命、生活中很多事，不是非得有一个解释，不是非得是最优化的。很多时候，我们必须学会容忍模糊，必须学会接纳不完美的状态，在不完美、遗憾、不适中向前走。最终我们成长起来的重要标志，并不是我们会为每一件事、每一个情景寻找到确切的、标准的、优化的答案和解释，而是确立自己的人生哲学，在自己可接受的能力和范围内与自己和解，和自己妥协，允许自己是真实的、允许自己不是一个高能量体，允许自己在真实、低能量中生存。

五

我想寻找一个智慧、渊博、通透的人谈谈。我设想的这位智者经历过人生风雨，参透了世间百态，见识过各种人性，他对人生、人性、宇宙都有深刻的见解，所以能够对我遇到的困惑给予明示和判断。

同样，孩子也是和我一样的状态。孩子也需要一位智者能够听一听，能够解惑，能够承接他的问题、他的情绪。

孩子也是在发问。

那些困扰他的问题果真是问题吗？

只有当孩子认为那些问题是问题的时候，那些问题才会困扰他。如果孩子也有一位智者引领，耐心地了解他，倾听他，承接住他的情绪和困惑，问题就不称其为问题了。孩子会更有能量去容纳原来所谓的问题。所以，孩子的所谓问题是他们发问的一种方式，一种途径。

关键是，成人是否有智慧有勇气承接住孩子的发问。去了解，倾听，陪伴，稳稳地在场，淡定，不慌不忙，该怎样还是怎样。

最高级别的智者无非是那些临危不乱、不惊慌、不动声色的、稳稳的人。在他们的眼中，就没有什么大不了的事。不管他们见过或者没有见过，他们都不慌乱。他们都能够接纳，如其所是地去接受和看待，并且认真地去了解情况究竟是怎样的。了解之后，有需要解决的问题就去解决，然后一切如常进行。因为一切都可以在前进中被逐渐容纳。

孩子们所有的想法和症状都是发问的途径和渠道，都是一个敏感的、孤单的灵魂在寻求与世界上其他生命的触摸和链接。当接收到来自一个生命发出的讯息和信号时，不要惊慌无措，不要害怕逃走，不要试图推开他。

看见、承接、分担孩子的情绪，回应他试图寻求链接的渴望，在这原本孤单的星球上，一起前行。

8. 目光

愿你的目光永远笑意盈盈，温柔有光。

一

人生艰难，在孤独中，我们会想起温暖；在黑暗中，我们会想起光亮。虽然身处孤独或黑暗，但心中总有温暖和光亮相伴。当我们想起的是充满着爱的、温柔的、带着甜甜笑意的、鼓励的目光，那是多么的幸福，而当我们想起的是愁苦的、无神的、凶狠的、评判的、责备的、监视的目光，那该多么悲伤。

孩子年幼尚且脆弱无助的时候，当他学习吃饭、穿衣、走路的时候，他还笨拙不灵巧，他会摇摇晃晃，他会摔倒。当他看到父母和教师微笑鼓励的眼神，仿佛在说，"宝贝，慢慢来，你可以的"。这小小的人儿便又有了力量。

当孩子因为无知因为莽撞因为发展局限做错事的时候，他有不安也有愧疚，他害怕自己把事情搞砸给大人带来麻烦，他担心自己在父母和教师眼里再不是好孩子。然而，当他看到大人宽容善意的目光，他安心了，感动于大人的谅解和包容，他知道从错误中汲取经验教训，从而把事情做得更好。

当孩子还不能够正确地认识自己，他还感到迷糊茫然，他还不能把自己做错了的事和自己是怎样一个人区分开，他对自己产生了怀疑。然而，当他从父母的眼里看到了相信和始终如一的关爱，他对自己又有了信心。他知道，父母的爱并不因为他做了错事就会撤回或消失。父母爱他只是因为他是父母的孩子，这点不变，爱就不变。父母相信他爱他，就如同相信宇宙自然运转、每个春天都会到来一样。父母的爱让他觉得自己是值得的，自己是重要的，让他感觉到自己的好，让他对自己有了自信和底气，让他有勇气走向未知又陌生的世界。

当孩子迈向广阔、未知又陌生的世界，他感到兴奋，也感到胆怯，他会获得成功，也会遭遇挫折，他会收获情谊，也会直面诋毁。世界是那么辽阔，又那么孤独；那么温暖，又那么冷酷。有的时候，孩子感到整个世界仿佛抛弃了自己。在孤独和冷酷中，孩子想起了父母带着爱的目光。这目光似乎穿越了时空，带着爱，温暖了此刻无助又沮丧的孩子的心。这目光里蕴涵着父母真诚无条件的关爱，蕴涵着父母始终如一的信任，蕴涵着父母的心疼和分担。

这目光仿佛在说,"宝贝,累了困了就歇歇吧,疼了伤了就回家吧。爸妈永远爱你。"孩子擦干泪,微笑着和世界握手言和。他知道,这世界没那么完美,但也没那么糟糕。

二

父母的目光带着爱意,带着温暖,带着信任,带着鼓励,陪伴孩子走过寒冬酷夏,走过黑暗挫折,给予孩子力量和勇气。然而,作为父母,一定不要把目光时时刻刻地关注在孩子身上,那种无事不在、无处不在、无时不在的关注和追随,是孩子最不可承受的生命之重。

那种随时随地的关注、无孔不入的关心,孩子稍微动一下父母就精准地提醒孩子下一步做什么,非常贴心地照顾到孩子的需求,这对孩子来说反而是一种巨大的心理压力。

每一个生命都需要有自己的时间和空间,都需要不被打扰、不被侵犯、不被窥探、不被过度关注和问询的时间和空间。

在这样的时空里,生命是安然的、自在的、放松的、安全的。这样的一个时空,也许有些隐秘、有些黑暗、有些未知,有些不能暴露于阳光下的小小不堪和踟蹰。在这个独属于自己的、不被打扰的时空里,个体不再顾忌和担心外界的一切评判和喧闹,他可以和最深处的自我相处,允许生命有自身的节奏,可以天马行空,可以随心所欲,可以想象无限可能。

也正是在这样的一个时空里,生命在栖息,在安抚,在休整,在蓄积。生命中各种混乱的能量在静谧、放松、自在、安全的氛围中归位、酝酿,并以新的姿态、新的可能出现。

三

电影《楚门的世界》里,楚门从一出生就被选中作一档二十四小时直播的真人秀电视节目的主角。楚门的生活被置于几千台摄影机的监控下,他的人生和生活的每一处都是被预先设计并按照剧本进行的。身边的所有人包括父母妻子和最好的朋友,都知道这一切,都在配合演出。只有楚门一个人被蒙在鼓里。他终于感到生活有些不对劲。弄清真相后,楚门不顾一切地离开了,离开了被监控的、被安排的、虚假的生活。影片的结尾,楚门站在出口处,虽然他面对的外面的世界是一片黑暗和未知,虽然导演还在诱惑和恐吓他不要离开,但不论是影片里在观看直播的

第2章 父母的爱

观众还是观看电影的观众都知道,楚门是一定会离开了。

导演:"外面的世界和我给你的世界一样的虚假,有一样的谎言,一样的欺诈,但在我的世界,你什么也不用怕。我比你更清楚你自己。"

楚门:"你无法在我脑内装摄像机!"

导演:"你害怕,所以你不能走。我看了你的一生。你出生时,我在看你;你学走路时,我在看你;你入学时,我在看你;还有你掉第一颗牙齿那一幕。你不能离开,楚门,你属于这里,跟我一起吧。"

楚门转过身,直面镜头,直面这个设计了他人生的始作俑者,直面围观了他人生的观众。他没有想象中的愤怒、咆哮、指责和怪罪,也没有一丝害怕、退缩、软弱和不安。楚门脸上的表情是淡定祥和又充满力量的。他微笑着说出那句经典台词:"假如再不碰见你,祝你早午晚都安。"然后,笑意再也忍不住地在这个帅气性感的男人脸上绽放开来。楚门优雅而从容地鞠了一躬,转身踏入那扇充满未知也充满希望的真实世界之门。

这种淡定、祥和,这种优雅、从容,是知道自己想要过一种什么样生活的坦然,是终于逃出被设计被控制的人生劫后余生的庆幸，是终于看到光明和希望可以过一种真实生活的感恩和喜悦。这种坦然、庆幸、感恩、幸福和喜悦，让楚门可以原谅之前受到的种种磨难。

就算如影片中的导演所说，外面的世界和他给予楚门的这个世界一样的虚假，有一样的谎言，有一样的欺诈，但外面的世界真实、未知、自由、自主。有什么能比二十四小时全方位的监控、周围的一切都是虚假的表演和配合、自己的人生被设计被操控更恐怖的呢？

四

很多时候，成人随时随地的关注、追随和唠叨，其实就是自己闲得无聊不对别人说点什么做点什么就难受的毛病。再深点说，是成人自己无法面对自己或者成人与成人之间缺乏有质量的亲密关系和交流导致自身乏味和空虚的结果。

人是一种比较奇特的动物：有时候非常自恋，会把自己看得非常重要；但有时候，又非常难以面对自己。当自己一个人的时候，当自己空下来的时候，实在是比较大的考验。面对无声流逝的时间，面对静寂空旷的周遭，我们忽然感觉到，自己是一个人了。此时，我们忽然不知怎

第2章 父母的爱

办才好了。平时，我们都是不停地忙这忙那，不管是主动忙还是被动忙，不管是忙工作还是忙家务，我们总是把自己的时间填充得很满，我们总是把自己的头脑填充得很满：似乎我们在忙着，就代表我们有价值；似乎我们必须做点什么，才能不用正视和面对一个空落落的自己，才能不用去想：我是谁？我在哪？我在做什么？我要去哪里？日复一日、年复一年的忙碌，已经让我们自动跟随时间和生命的长河随波逐流，逐渐忘记了我们生而为人原本有之的灵动。

就拿我自己来说，当我和孩子们分开数日，自己一个人过段时间的时候，我完全不适应了：睡觉作息变得不规律了，做饭没有动力了，吃饭没有胃口了。趁着孩子们都不在家，做点什么吧！做家务？家务总有做完的时候；和朋友聊天？天也总有聊完的时候。当不忙了的时候，当空落落的时候，就要开始面对自身的问题：我要做点除了家务、聊天、刷手机的其他什么事情。我要开始写写论文、写写文字……然而，真正想要去做一件事并开始执行起来是一件不容易的事。写论文如何选题、如何查阅文献、如何起笔、如何提出观点、如何加以论证……要考虑的问题太多了。每一个问题都需要一步一步、坚持不懈、日拱一卒去解决。我们在很容易被打扰的碎片化的时间里,愈加难以沉下心来了。于是我们轻易就放下了。

　　成人放下了自己的事,自然地就把目光注视在孩子身上了。嘴巴说说,讲些大道理,不用去执行,这是很容易的。于是乎,我们成人就对指点孩子上了瘾,乐此不疲、欲罢不能。"作业有没有做？""今天考了多少分？""别人怎么这么优秀呢？""一定要努力了！"我们在孩子身上投注了精力,似乎避免了面对自己一无所成、无能为力的尴尬和不适。

　　父母把目光紧紧聚焦于孩子,心思全部扑在孩子身上,对孩子无微不至的关心并进行全方位的指导和嘱咐,这并不伟大,相反还很糟糕。"无微不至"这个词语本身就带给人巨大的压力。生命是自由、自在、自主的,孩子需要自由的空间、自在的生长、自主的选择。孩子们需要信任、尊重和理解：信任他们的生命如同浩瀚的宇宙一样自在运转而无须过度担忧,尊重他们的人生有着各自独特而奇异的使命,理解他们作为生动具体的个体有着鲜活而动人的体验与感受。

第 2 章　父母的爱

对于父母来说，沉下心专注于自己这件事的难度数万倍于盯着孩子的难度。当父母在孩子身上过度用力的时候，就需要反省自己了。当一个人认为自己对另一个生命有着无比巨大而重要的责任时，都是需要反省的。这是一种极度自恋的表现，而极度的自恋意味着人格与精神方面的缺陷。

9. 自由

　　我们都是 Free Guy，都是普通的英雄，追求局限之外的自由与美好。

　　自由，是有节制的自由，是在考量事实基础上做出的最优选择。

——观看《失控玩家》有感

一

　　从更大的视野看，说不定我们人类也是被更智能的生物用代码写的程序，说不定我们人类也只是被置于一款宏大游戏中的非玩家角色背景而已。

　　可是，就像盖的好朋友巴迪说的那样，"是又怎样？不真实又怎样？""我现在坐在这里，听好朋友说他的心事，帮他渡过难关。如果这都不算真实，那什么是真实？"

　　有人说，盖不是在反思质疑自己的生活了吗，他不是

第2章 父母的爱

说他可以做自己想做的事吗,但最终不还是困在那座游戏城吗?米莉不是也对盖动心了吗,他们一起经历那么多,又有那么多共同的兴趣爱好,为什么最终盖也只是"一封写给米莉的情书"而已,为什么米莉转而投入了"键盘"的怀抱了呢?影片起了质疑和反思的头,为什么最终还是落入世俗的壳,不能彻底挑战彻底反叛呢?

不然又怎样呢?盖走出游戏城来到真实世界?盖和米莉在一起?或者米莉一直通过进入游戏的方式和盖相爱?

这些想法,只是人类的自恋吧!你觉得真实世界是好的,是比游戏城更好的存在,所以你就觉得盖待在游戏城太悲摧;你觉得米莉应该和盖是一对,你就真心希望米莉和盖相爱。但,真实世界真的会比游戏世界更好吗?所谓的真实世界难道就不是更大的世界所设定的程序吗?我们难道不是同样受困于真实的世界吗?盖即使来到真实的世界,他会得到更多的自由吗?他不需要日复一日地工作了?他就真的能随心所欲去做想做的事而不再受制于自己生理心理金钱等的局限了吗?如果能不受任何限制,那只是一种幻想。

保持觉知和反思,并不意味着必须要彻底打破一切、挑战一切。彻底摧毁一切，那什么都将不复存在。只要有存在，就必然有局限。

二

盖从日复一日的生活中觉醒，反思、质疑人生的意义，和好朋友诉说并认同朋友的看法，进而知道自己是谁、知道自己的生活是什么样的。他想要去改变，想要去做一些不一样的事。他心动了，就去追求，他去努力升级，他完成了看似不可能完成的任务（这可能是他"人工智能"人生中的高光时刻）。然后，一切归于平静。他又无比清醒而现实地对自己的梦中情人米莉说："我只是一封写给你的情书，而写情书的人在你的世界。"虽然作为观众听到这句话心有不甘，虽然盖真的很酷很迷人，观众真的很想让他能够来到真实世界，但是不得不承认，这是最好的结局。

能够反思、质疑，进而认清楚自己和自己的生活，能够心动能去追求，也有人生的高光时刻。那么，即使以人类所谓的上帝视角看，就算盖最终还是受困于游戏城，我想这也是挺好的人生了。在日常的琐碎和重复之外保持一份觉知，在受困于不得不的局限之余，有一份可以伸缩的空间和自由的选择，这不仅仅是盖也是我们人类世界

第2章 父母的爱

万千普通人所能做到的真实和美好。这也许正是英文名称《free guy》表达的寓意吧。从这个意义上说,我们每个人都是 Free Guy。我们都是普通人,都有这样那样的局限:生理的、心理的、智力的局限,这些归根到底也许是底层程序的设计限制;我们要谋生,要吃饭,要睡觉,要交往,我们有困惑,有不甘,有想而不得,我们会崩溃,得认怂。但是,我们在这些局限之外,总还保留着一份对于自己是谁、生活何以如此的反思和觉知,总还保留着一份对于自由的向往,总还保留着心动的感觉,总还有一种努力升级的动力,总还有对美好的追求,总还有对于现实的接纳和妥协。这些就是我们在局限之外的自由,这些就是我们人之所以为人的生生不竭的精神力量。

三

人何以为人?

《失控玩家》中,盖之所以不同,之所以和其他的非玩家角色不一样,在于他开始有了自我意识,开始反思、觉知和质疑:"我是谁?"为什么生活日复一日,每天穿同样的衣服,走同样的路,上同样的班,喝同样的咖啡,做同样的事,毫无变化,没有波澜?可不可以不一样?可不可以有不同?哪怕是把一直不变的咖啡换换口味?

有了反思、觉知和质疑，人就想要改变。想要有不一样，想要不同，想要有改变的自由。衣服换换款式，咖啡换换口味，说不一样的话，走不一样的路。自由给人带来新鲜呼吸的空间，带来愉悦快乐的感受，带来人之为人的尊严。但是，并不是每个人都会去欢迎自由、拥抱自由。那个始终举着双手的银行职员觉得还是举着双手比较舒服和习惯；盖递给巴迪可以看到更多新异世界的墨镜，巴迪也拒绝接受。他们担心自由选择会带来不可知的风险，他们担心改变会有更多的麻烦。

人之所以为人，在于人会动心，会被美的事物吸引，会去追求，会释放自己的潜能。美的事物可以是人、可以是环境、可以是自由。因为这份心动，我们有了动力，想要去了解，想要去探索，想要去行动，想要施展自己的能量，想要去创造，想要去尝试更多的可能，想要去完成梦想。

人之所以为人，更在于人能基于基本的事实做出适宜的选择，并为自己的选择负责。人虽然有自我意识，有反思和觉知，虽然比没有自我意识和反思的生物更有智慧，但人的自我意识并非是无边无际无限畅游的，它必须要有客观事实和自我局限作为约束。不加约束的自我意识对人是一种危险和伤害。盖留在游戏城，生活大概率依然会日复一日，但盖知道这是自己的选择。他知道自己能做什么，不能做什么，他知道自己能力的边界在哪里，他知道在边界之内也会有自由和空间，他就能够接受这样的日复一日。这样的盖，也可以称为英雄。米莉，和盖有很多美好的回忆和深情的时刻，但最终不深陷其中，现实清醒，也是英雄。每一位这样的普通人都是英雄。

10. 边界

父母的真实以及世界的真实,就是孩子的边界。真实的边界可以如实呈现,不必粉饰和表演。但还是可以温暖和温柔。

一

溺爱,是我们在生活中频繁提及的一个词。在日常的语境中,溺爱通常意味着成年人对儿童不加节制的满足和不分是非的维护。基于此种对"溺爱"的理解,人们常常会说,不能对孩子过于溺爱了,否则会害了孩子。人们提出的对溺爱的纠正措施有:要对孩子严厉点、不能总依着孩子要啥有啥、要让孩子吃点苦头受点挫折……这样,他才不会不知道天高地厚,才不会事事依靠别人自己什么也不会干,他才能考虑别人,才会不那么自私,才能有出息。

其实,溺爱这种教育方式的受害者是孩子,真正的责任在于孩子的监护人。

第2章　父母的爱

溺爱的本质在于成年人自我的人格太弱，没有边界。

成人要么没有自我，以孩子的自我为自我，以孩子的意志为自己的意志。这种情况下，成人将自己虚弱的自我和意志附着在孩子的自我和意志上，孩子一发出意愿，成人就扑上去，视为自己的意愿，无条件予以满足。

成人要么是自恋太强，无视孩子真实的意愿和表达，看似无条件满足孩子，实际上满足的是成人自我想象中孩子的需求，甚至是成人自己的需求。

无论是扑上去饥饿地吞噬孩子还是用自己的想象像海水一样淹没孩子，都是没有边界，侵入或削弱了孩子的自我和意志，孩子会很愤怒的，这是溺爱的本质。

真正的爱，首要地是要意识到孩子和自己是独立的两个人。各自有各自的意志和世界。

真正的爱，是有边界的，是情感与理性的结合，是真实、局限和允许。在情感上说，是父母本能地疼爱：看见孩子流泪，会心疼，看见孩子快乐，也会开心。但这种情感不是无限泛滥，当孩子伤害到自己或别人，父母需要有理性去判断是非，要有底线和原则。

父母对孩子最大的诱惑莫过于不能表达真实，呈现一种幻象和欺瞒。在这种幻象背后，遮掩的是什么？父母的担心、害怕或者恐惧：担心不完美，害怕被抛弃，恐惧会失去。

父母对孩子最大的善意莫过于相信：即使我表达了我的真实、局限和脆弱，即使你表达了你的真实、局限和脆弱，我依然相信，也请你放心，我们的关系不会因此而改变，我依然爱你，你也爱我。

二

曾有网友在新浪微博上这样说："一个亲戚是独子，从小就敢对他妈动手。上幼儿园时，一生气就拽他妈头发或挠脸，父母也不责备，上初中打他爸不许他爸回家住。他爸是八十年代的大学生，父母脾气都很温和，他打他爸，他妈就让他爸忍忍。这孩子高考前突然弃考，然后两年时间没出门，在家不洗澡不剪头发只允许他妈来送饭。"

这个例子可能就很好地说明人们常常说的溺爱了。也有其他网友留言：担心对孩子严厉，就变成了控制性的人，怕自己变成病态父母，也怕影响了孩子的正常发展；对孩

第2章 父母的爱

子比较放纵，一点也不想控制他。

这样的想法反映出父母在教育孩子这件事上有比较多的"应该如何""怎样才好"的妄想和执念，却少了身而为人的本能和真实。

孩子打父母，父母不觉得不应该？父母不疼？如果父母觉得不应该、觉得疼，为什么不制止孩子，为什么不和孩子说"不可以"？父母作为真实的人，自然会有真实的反应。如果父母身而为人真实的反应让位于"应该怎样做才是对孩子好"这样的妄想和执念，孩子接触到的就不是真实的人、真实的事件。他们感觉到，是"假的"父母在和他们周旋，真实的父母一直看不到，一直在隐身。这会让孩子感到抓狂、愤怒和恐惧。孩子需要触摸到真实的父母，触摸到现实世界，感知到边界在哪里。

我用这个例子只是想表达，父母在与孩子相处交往过程中不要有太多饱含着满满诱惑的假"深情"：过多遮掩自身的感受和需求，甚至抛弃了自尊，只为迎合孩子或者某种理论。缺乏真实的回应，身边像是有个假人在周旋，这会让孩子抓狂、崩溃。这也许才是孩子暴怒、挑衅、攻击的真正原因。

父母的真实，并不是说可以不加约束地释放自己的冲动，这不仅在和孩子相处的时候行不通，在和其他任何人的相处中都是不可以的。父母的真实在于能够如实地面对眼前的状况，而让内心执念少一些、再少一些。

当然，能够如实面对眼前的状况，是一个听起来容易但做起来非常难的挑战。当一个两岁的孩子伸出小手打妈妈的时候，妈妈回击了，并认为需要通过回击让孩子感受到被打时痛的感受。

这是妈妈在表现真实吗？我觉得，这个时候，妈妈没有看到真实的情况。表现真实并不是不假思索、没有头脑的机械反应。这种情景下的真实是，孩子只有两岁，他还没有能力很好地去表达自己的内心。妈妈需要做的是，敏锐地感知孩子行为的动机，也需要对整个状况有一个基本的判断。孩子打妈妈背后的初衷是什么？是单纯地觉得好玩？是想和妈妈玩乐嬉戏？还是妈妈没有满足他的愿望？如果可以满足的话满足他回应他就好了，告诉他妈妈不喜欢你打。但不要报复不要回击。就像高手，我知道你的招数，也知道你出招的目的，更知道你招数的段位伤害不了我，化解就好了。不必被激怒，把自己降低成孩子的水平。

当然，有些父母的段位并不高，他们在孩子面前肆意宣泄情绪，不礼貌地评判孩子的行为，却给不到孩子想要的回应，这常常是激怒孩子的原因。而当孩子生气恼怒的时候，又转而责怪孩子有攻击性。这样的肆意宣泄与不礼貌的评判不是真实，真实是基于情感与理性之上的综合反应。

三

那些凭着头脑中设想的"应该如何"去对待孩子的父母，不是真的为了孩子好，而只是为了满足自己的自恋，为了将自己置于一个无限高的无可指责的道德高地。这样，反而没有了作为父母的担当和责任。

这种看似不控制，实际是最大的控制。所以，这样隐性的控制会让孩子感到愤怒和无力。过于被纵容的孩子常常会入侵、挑衅、试探父母的底线。如果父母总是给不了底线，孩子也会很崩溃，孩子会感到自己是和假人甚至"没有人"生活在一起，他得不到真实的回应。父母不划出自己的边界，不在自己和孩子之间画线，很容易吞噬孩子，将自己和孩子紧紧捆绑在一起。

过于依赖这样那样的教育理论去育儿，反而看不到真实的孩子。这时的父母，一味地沉醉在自己的世界，沉浸在一个有着宏大和精致理论的世界，但却对当下这个正站在自己面前的孩子毫无知觉也毫无兴趣。孩子的行为和反应只不过是被父母当作验证和支持理论的论据。

孩子做错了事却不敢批评、自己有了真实感受也不敢和孩子坦诚相待的成人，是在身体力行地给孩子催眠与暗示——"我们都无比脆弱，吹弹可破，我们都不能面对事实。""面对事实，可能有挫折，有不安，有沮丧，有崩溃，而所有这些挫折、不安、沮丧和崩溃都是可怕的，我们对此无能为力，我们需要尽量回避。""你太虚弱了，不能面对哪怕是正常的挫折。""我得为你遮挡掉外界的风风雨雨，给你营造一个顺畅无阻的环境。"这是成人自体虚弱、过度自恋、没有边界的表现，也是对孩子生命力的羞辱和轻看。

当大人担负起该承担的责任和权利时，孩子会感到轻松和安心；当大人一点自己的责任都不肯担当，表现得虚弱无比，孩子就会不堪重负。

四

不论在何种关系中，有边界都会给人踏实、轻松的感觉。但边界是如何产生的？是如何让孩子感知到的？边界的设立以及可以被孩子感知到，其最初的途径是成年人对自己真实感受和真实需求的表达与维护。

我们通常认为设立界限的做法是，在关于孩子的事情上立规矩，给孩子制定该做什么不该做什么的准则。但这样完全是搞错了方向。这其实是在把孩子圈起来。这对孩子的自发自主性是一种束缚和抑制，孩子也并不会看到真正的边界。

实际上，真正有效的设立边界的做法，应该是成人在关于自己的事情上设立界限，是成人对自己边界的维护。成人更知道自己的需求是什么，自己想要什么，不想要什么。当成人能够清晰明确地、坚决地表达自己的感受和需求时，就相当于在自己面前画了一条线或设置了范围。孩子能够看到这样的边界，实际上就相当于有了自己的边界，他就知道哪些地方是不可以跨越的，自己的行为界限在哪里。这样，既不会束缚和压抑了孩子的活力，又会让孩子有边界意识。

就像我们开车。有道路交通规则、有车辆本身的行驶规则足矣。驾驶员只要遵守规则就可以。他可以决定自己去哪里不去哪里，可以决定自己怎么去、什么时候去、和谁一起去。至于驾驶员的驾驶风格是怎样的、具体的驾驶细节是怎样的，则不需要也没必要给予限制或规定。

在和孩子相处时，很多时候我们是搞反了方向：我们对孩子自身有着比较多的这样那样琐碎的规矩，但外部的规则却不一定很明确。就像是，如果我们对驾驶员自身无关驾驶规则的事务上有很多这样那样的要求，但交通规则却不明确，那么驾驶员同样无所适从。

因此，父母和孩子之间的边界，本质上不是给孩子划界限、定规矩，那是越界。边界本质上是表达自己的真实和局限。一个人的真实和局限既是他自己的同时也是别人和他相处时的界限。

五

父母们普遍担心的一个问题是："孩子会不会被惯坏？"这个问题确实也是心理学家教育学家思考的重要问题。这个问题更加本质的表述是，"如何让孩子在安全的环境中释放他的活力和能量？""初生牛犊不怕虎"的精神固然可嘉，孩子们身上奔涌的生命活力固然宝贵，但为人父母却不希望孩子无知无畏，不顾现实，把自己撞得满身伤痕。我们试图在生命活力和现实局限之间做出平衡。我们希望孩子在尽情释放自己生命活力、表达自己愿望和需求

第2章 父母的爱

的时候，能够考虑到外在的世界，考虑到现实的局限、考虑到他人的感受。能够平衡生命活力和现实局限的一个关键因素就在于边界的建立。

根据温尼科特的理论，父母对于幼小孩子愿望和需求的敏感觉察和及时回应让孩子有了"主观全能感"，以为自己的愿望创造了一切，这让孩子逐渐有了主体感，有了自我意识。同时，由于现实局限的必然存在，随之而来的一些挫折会让孩子意识到世界上他人的存在，从而能够调节自己的全能感，使得孩子既能以充足自信的主体感进入世界，又能够容忍现实世界带来的挫折，对自身的愿望与现实进行妥协与平衡。

温尼科特非常重视孩子活力和本能的表达和释放。他认为孩子生命力的充分释放需要有一个好的环境，需要有一个不惩罚不报复的人，以滋养出孩子这样的感觉——"世界准备好接受我的本能喷涌而出"。在温尼科特的描述里，这是善意的世界，善意的环境，善意的人。孩子在表达和释放自己能量的过程中，他可能不能很好地驾驭这些能量，但孩子并无恶意。此时，如果我们的世界是善意的，能够给予抱持、看见和引导，孩子就敢于表达和释放他的活力和能量。在接纳孩子本能喷涌而出时，当然需要给予引导和反馈，但这需要是善意的，不是惩罚，不是报复，不是宣泄自己情绪，不是投射自己的恐惧。

自体心理学家科胡特"不含敌意的坚决，不带诱惑的深情"在本质上也是这个意思。坚决即是在涉及原则性以及维护边界上清晰并坚定地表达。这种坚定是善意的，不是惩罚性和报复性的；边界的划定与原则的坚持也不是刻意为之，而是在真实自然的生活中，在人与人彼此的交往互动中生发的。这种善意的初衷和出发点是有利于孩子活力和能量的绽放，有利于孩子更好地成长和更长远的发展。

在科胡特"不含敌意的坚决，不带诱惑的深情"这句经典的表述中，有真实，有善意，有理性。

真实，是因为这是在真实的生活中自然生发的交往双方彼此之间感受、想法、意愿和诉求的表达与回应。比如说，作为成人，我有我的感受，我有我的空间，当别人即使是孩子伤害了我的感受、侵入了我的空间，我作为一个真实的人，我也要表达，我也要抗议，我也要划定界线。

有善意，即，在某件具体的事情中，我表达了我的感受、想法和意愿，但是并无评判、贬低或者控制，并不会影响我对孩子的爱，也不会影响我和孩子之间彼此信任彼此依恋的关系。

第2章 父母的爱

有理性是指，我真正地爱着孩子。我知道，不管是我满足孩子还是推开孩子，我的深爱和深情都是为了孩子主体性的发展，为了孩子更好地成长，而不是为了我的自恋、我的执念、我的私心，不是为了我更好地控制孩子，不是为了迎合某种理论，不是为了证明自己是个优秀负责的父母，不是为了诱惑孩子更依附于我，不会导致孩子更狂妄或者更虚弱。

心理学家武志红曾描述过一个小男孩的故事。这个男孩的家长太没有权威性以致孩子沉浸于全能自恋中，觉得自己可以为所欲为。但当他一旦走入外面的世界，在其他关系中都得不到如同家长这样顺从地配合时，小男孩的全能自恋受损，会产生自恋性暴怒，表现出偶尔会失控的暴力。男孩上小学后会挑战权威和规则，比如在老师讲课时突然站起叽里咕噜讲一番没有意义的话，破坏课堂秩序。当孩子的母亲在给予孩子更多允许和陪伴，以及采用药物治疗（医生诊断为ADHD，即注意力缺陷与多动障碍）依然收效甚微后，母亲开始尝试为孩子设立边界及规则。比如，你不能攻击妈妈身体、不能言语羞辱、不能肆意入侵空间等。妈妈在设立并执行这些边界和规则时，是善意的。小男孩的状况逐渐地有了好的改善。武志红由此提出"有基本善意的权威"的概念。他是这样分析的：男孩原始的全能自恋在与母亲的关系中得到了过度满足。于是男孩也到其他关系中寻求这份满足，但这大概率是得不到的，得不到时就要么闹，要么封闭起来。妈妈设置了边界，但依然是善意的妈妈。男孩确认了在他不能控制的边界之外，有一个基本善意的妈妈存在，他的全能自恋开始接触现实，开始安全落地，下落在一个充满情感、平等的大地上。

六

孩子不仅会试探父母的底线和能允许的边界，更重要的是，孩子也在确认，在我触犯并知晓了底线和边界的同时，在我受到训诫之后，我是否依然被爱着？犯了错误被善意指正，能够确认依然被爱的孩子，会更有力量和灵活性将错误和失范行为纳入整个成长过程中，更能引以为戒，却不至于影响到自身成长发展的大方向。如果孩子犯了错误被严厉处罚、指责，被过分夸大与定性，并且成人是决绝冷酷的，这会让孩子恐惧，这个错误会被无限放大而影响孩子的成长。给孩子底线和边界，不是为了惩罚，是为了改正和更好，而改正和变好需要善意的环境，需要让孩子确认到爱。

第 2 章　父母的爱

温尼科特所说的孩子成长需要"一个不惩罚、不报复的人",以滋养出孩子"世界准备好接纳我的本能喷涌而出"的感觉,他正是在强调我们要善意地对待孩子们的本能以及本能的释放。孩子们体内奔涌的不可知的、强大的、魔性的、具有无尽创造力的能量要释放了,成人准备好了吗?我们是否有期待、有好奇?是否有欣赏、有守护?是否有被青春年少撞了一下腰的莞尔一笑?又或者我们害怕和恐惧这未知的能量、抵触和无力招架这奔腾的活力,在它失控时给予训诫、惩罚和打压?

成人能给予孩子最大的善意,莫过于接纳、欢迎、相信、守护孩子以自己真实的样子成长。不论你生命的活力和能量是多么的汹涌和未知,是多么超越于我的认知和想象之外,会给我带来多少担心和害怕,我都报以尊重和守护;即使你在释放生命本能的过程中带来失控和麻烦,我知道你并无恶意,我理解你内心深处的动力永远是向上的爱,我会善意地提醒,适切地反思,却不会因为害怕因为受到冲撞而指责或打压你,并且永远不会威胁离开或真的离开你。

回到最初父母们普遍担心的那个问题:"孩子会不会

被惯坏?"当父母在真实自然的世界和生活中,去做一个有爱且真实的人的时候,不试图去控制孩子但也不过度出让自我的时候,父母和孩子中间是有清晰而舒服的边界的,孩子的全能自恋会触碰现实,会安然落地,孩子就不会被惯坏。

如果父母在与孩子的关系中,一味地退缩,过度满足孩子的全能自恋、过度出让自我,不敢表达自己真实的感受和需求,这实际上是缺乏担当的,这实际上就是一种所谓带有诱惑的深情,是一种看似不控制实则隐秘控制的行为。如果成人一直试图以假面与孩子共处,试图遮蔽真实世界的样子,试图超越自身的能力和边界去笼罩孩子的天空,试图给孩子提供一种虚幻的妄想,孩子就一直触碰不到真实的世界、真实的生活和真实的人。孩子一直看不到边界,整个人处于头脑的狂想与暴躁中,就会一直惶恐,一直试探,一直挑衅,直到他接触到真实的世界、接触到具体的活生生的人、接触到边界,接触到现实的局限,孩子的意识才会慢慢从头脑的狂想与暴躁中回到身体,回到现实,回到生活。

人类一开始是用愿望与世界链接,用愿望创造世界,愿望不管何时都是弥足珍贵;但接触现实也会让人更加安全,更加真实也更加美好。

第2章 父母的爱

七

接妹妹从幼儿园放学后带她在小区玩,想着多活动活动就可以多吃饭好睡觉,然后就没时间做饭。正好姐姐放学后说去万达买些东西,我们就一起去万达吃饭买东西。

出门前,妹妹拿了包坚果。路途中她不小心把坚果掉在车上了,说要回家拿坚果。接着,就开始各种哭和乱踢,搞不住。

好在万达不远。到了万达门口,她爸对我和姐姐说,你俩去,我带她回去吧。妹妹还不肯,让我也回。我们就都回了。

妹妹回来路上一直哭着说要回家拿坚果。我说,我们又不会飞,不会魔法,现在正在回家,但回家也要时间,也要开车走啊。

终于到家拿到了坚果。她说,我要去万达。

想啥呢!

回来姐姐也没给她好脸色,好好的万达行泡汤了。不过很快姐姐就好了。

爸爸说,你就吃坚果啊(明显反讽)。她回答:好啊(好单纯)!

小孩子的思维，真是天马行空，没有过程。她用"意念"发力，说啥就马上要啥，呼之即来，挥之即去。

这样，其实也是好的。想要啥想干吗就直接说，不会拐弯抹角，不会踟蹰顾虑，不会想东想西，比较纯粹比较直接，而且有种不达目的不罢休的劲头。

成年人身上，能保留这种纯粹、这种执着，这种对事物的热情和对自己的宠爱，也是难得的。

但是，孩子总归是要成长的。这种成长，就在于经历些"恰到好处的挫折（科胡特语）"，从而知道头脑中很多愿望和"意念"是需要过程去实现的，这个过程中也要考虑到他人的意愿。回家拿坚果，得开车开一段时间，不是一说要回家马上就到家了；回家后再去万达，可能吃饭就晚了，别人也不愿意去了。

对于孩子来说，从用"意愿"发力的毫无畏惧和顾忌，到愿意等待和忍耐，愿意妥协，愿意接受一些不够完美的选择，愿意忍受一些失去，这是成长的过程，这个过程需要时间，需要成年人的引导。

对父母来说，这个过程本身是个示范的过程，也是淬

第2章 父母的爱

炼自己的过程。孩子不是书本上的孩子，不是头脑中想象的孩子，生活也不是过滤过的生活，不是理想化的生活。孩子是个活生生的、独特的个体。这个孩子大哭大闹要坚果，那个孩子乱踢乱抓要玩具……这个时候，我自己的感觉真的是，还谈什么理论，全是讽刺好吗！生活的情景是千变万化的，每一时刻每一位成年人的心境、处事能力和方式也各不相同。因此，绝不存在一个一以贯之、放之四海而皆准的绝对好的处理方法。

要崩溃但要忍住，不必急着灭火，不必急着让她安静下来。该讲的要讲，该做的还继续做。成年人综合判断当时的状况，受得了就继续去万达，也可能去了就好了；觉得受不了了就回家；回家拿到了坚果，想去就还去，不想去就不去了。

事情在大家都可以忍受的范围内就好了。不用太刻意，也不用想太远。不用因为"要满足她"特意再过去，也不用想着"不能惯她"而要给她点教训和颜色。看到当下的状况和当下生活本来的样子就好，要解决的是当下的事情。在当下呈现出的各种因素和自身的能量限度范围内达到一种平衡，让大家相对都舒服或者都不那么难受，就可以了。

真实即是自由，虚妄便是牢笼。

不用太刻意去寻找理论或模型该怎么处理，想得太多就无法处理，反而适得其反。当下能怎么做，当下怎么做能够承受，就怎么做。

当一个孩子长大了，就变为成年人了。

我们成年人深受困扰的，绝不是年幼时候那些执着而纯粹的愿望和梦想。让成年人深受困扰的，要么是早早抛弃了这种纯粹的愿望和梦想，要么是我们终归还是无法为这种愿望和梦想寻找实现的路。也许，正是因为我们无法为这种愿望和梦想寻找实现的路，所以，我们带着失望和沮丧早早抛弃了它们。

我们之所以无法为这种愿望和梦想找到实现的路，我们之所以无法让年幼时候的愿望和梦想安然落地，本质是我们处理的方法依然停留在头脑中，停留在刻意和对完美的执着中。我们在处理它们的时候，一开始就不能接受妥协、失望和失去。

我们太想让一切完美了，如果不完美，宁愿不要了，如果不完美，宁愿抛弃了。我们都是不够智慧的人，我们会很轻易地陷入自恋而脆弱的牢笼。

八

早上，文文起床后吃了两口糖水芋艿。我看时间差不多了，就和她说如果不想吃了的话那我们去上学，然后出了门。

到了小区东门时，她忽然在车上说："我没睡好，我还要睡觉，不去学校。"两腿开始踢。

我骑到菜场，把车停那里，抱着她，本想着抱着安抚一下会好。结果她让我往回走。我边哄边走到了学校门口。

学校大门进去一段路，她看我一直往学校的方向，就想挣脱我怀抱，下来回去。我又抱起她，想送到门口请老师帮忙引导下看会不会好。但是看情况似乎不行，孩子大哭，抗拒。于是我抱着她出了校门。这时幼儿园其他班级在户外做操，我们走到大门外栏杆那里，站在外面看。看的同时我和班级老师联系。老师回复说阿姨待会出来，帮忙把孩子抱进去。

等阿姨出来，孩子还是不肯。我抱她进去，送到教室门口，老师说妈妈就回去吧！

孩子还在哭与挣扎，我出去了，在门口待着。我想着，这小娃脾气有时候是很倔的，如果她实在不妥协的话，也不能影响了整个班级的正常秩序，我就抱她回去。

等了一会，老师发消息过来说，孩子平静下来了，慢慢参与小朋友活动了。老师还发来了照片和视频。虽然孩子眼睛红红的，但是平静了。

这对于孩子来说，也算一个挫折吧！她在家里在妈妈边上，肯定是更加自在随意，如果妈妈有时间还可以带着去游乐场。现在，她不得不待在幼儿园。

对于妈妈来说，这是一个衡量和决定。就今天来说，看她那样哭闹，看她挣扎着不肯进学校，看她的眼泪，大人也是可以妥协的，不去就不去了吧。但是，明天呢？后天呢？妈妈不能不上班，妈妈也得有自己的事。就算妈妈不上班，妈妈也自认在宝宝这个年龄，除了工作和家务之外，没有足够的能量也没有足够的条件给予宝宝比较高质量的陪伴和她这个年龄所需要的环境和支持。比如同伴关系，比如幼儿园所提供的社会、科学等领域的发展支持，这些是在家里得不到的资源。

诚然，孩子在幼儿园里会受到一些纪律上规矩上的约束，集体活动难免需要付出一些隐藏个性的代价。但是，与这个约束和代价相比，妈妈带着她让她待在家里也

第2章 父母的爱

是妈妈承受不了的。同时,幼儿园的老师愿意给予妈妈支持,她们没有说妈妈你带回去安抚吧,等孩子愿意来园了再送来,而是愿意承接住孩子的情绪,并且积极安抚孩子,引导孩子参与到活动中。这样,妈妈没有理由不放心。

妈妈把这些想明白之后,就会有一个选择和态度。这个态度会被宝宝感知到。宝宝感知到的是,事情就是这样,不会因为我不想来就可以不来。但妈妈还是爱我的,老师也是爱我的,如果真有特殊情况,妈妈和老师也会考虑的。妈妈内心里的想法,妈妈表露出的神情,妈妈所做的选择与行为,妈妈所做选择背后的考虑和善意,会以一种无形的方式被宝宝感知到。

如果妈妈对此有犹豫,对这些事想不明白,宝宝也会感知到。妈妈犹豫与摇摆,妈妈拿不定主意,妈妈没办法综合各种因素做一个判断和决定,妈妈各种担心各种无助迷茫,会让宝宝也不知道怎么办才好,宝宝也会很迷惑,她的哭泣可能就没个尽头。如果孩子持续不断的哭泣和抵抗,那么她的哭泣和异常行为里,表达的就不纯粹是对幼儿园的抗拒,而是一种看不清事实的混乱、无助和愤怒。

这时的哭泣也隐含着一种呼喊，希望成人能够给予一个明确的态度表达。

九

我喜欢，我选择，我负责，我存在。这是与世界发生链接的过程，这是个人投入世界的过程。心动，行动，感受，体验，成长。

但并非人人皆可如此。
只有爱滋养过的心灵才能有动力也才能有底气去和世界链接，去投入世界。

被爱滋养的人，是安心的。他能够意识到自我的存在，能够顺应身体与心灵的声音与反应。
被爱滋养的人，是勇敢的。他不会缩手缩脚，瞻前顾后，不会总是担心外界有什么惩罚。

他内在的渴望苏醒了，心动了，喜欢了，他就想去尝试，想去体验，想去行动。也许成功，也许失败。成功了他是高兴的，失败了虽然沮丧，但也没有关系。

第2章 父母的爱

这样的他,慢慢成长,慢慢积累自我的能量。

没有爱的人,是紧张的、怯懦的。他所见所听所感,皆围绕外界的反应,而忘了自己的存在。他讨好地,想要外界和他人满意;他怯懦地,不敢释放一丝自我的真实。他们做了父母,看似对孩子百依百顺,无比"宠爱"。但对孩子来说,却是一场灾难。因为这本质上是一个完全没有自我的人,附着在另一个生命上。

那些被附着被毁坏的孩子,内心里是暴怒的。因为他们总是感受不到一个边界的存在。他生活中存在一个人,但这个人好像又不曾真的站在他面前。这个人似乎是隐形的,躲着你。你连打都打不到。

这孩子心中的郁闷不可言说。不知道边界的生活其实是危险的。如果有边界,有规矩,他反而安心、安稳。他知道该做什么,不该做什么。但没有边界的生活让他很没有安全感。想一想,如果身处一个无边无垠的空间,你怕不怕?你会安心安稳吗?这样无边无际看不到界限的空间,可能一脚踏空,可能隐藏未知的风险。

没有自我的父母,不敢表现出真实的反应,不敢表现真实的自我,没有主见,没有担当,他们没有一丝一毫的勇气在自己周围划出一道界限。对于他们来说，划出界限反而意味着太明显的昭示，这对于他们来说是恐惧的。这界限意味着明显地把自己呈现于世界面前了。所以他们害怕界限，他们要模糊界限。没有界限，他们就可以隐身，就可以躲藏、附着于其他人——他们的孩子身上。对于他们来说，没有界限意味着空间的可隐匿之处也是无垠的，没有界限意味着可以吞噬他人。

对于正常人来说，界限意味着空间、明亮与自由。而对于没有自我的人来说，没有界限却是他们渴求的。界限的模糊意味着无处不在的、便捷的隐匿、躲藏、吞噬与寄居。

+

成人之为成人，需要有所担当。这种担当的一个重要方面，就是能用已有的经验、基于自身的能力和当下的状况，对事实进行审视、判断，并做出选择。每一种选择当然都不可能是完美的，每一种选择都会有得有失。成人有所担当的重要一点就是，他不仅能够做出合乎事实与逻辑的判断与选择，更能够为这种判断与选择的结果负责，能够承受这种判断和选择带来的各种后果，能够进行风险权衡，并且愿赌服输。

第2章 父母的爱

只有头脑的运作是不够的,有时甚至是危险的。思维可以无边无际、可以随心所欲、可以信马由缰,而无约束的思绪会带给人无尽的焦虑、痛苦和恐惧。能够基于客观的事实、基于自身的判断,进行尽可能优化的选择,并勇于承担相应的结果,这才是真正的勇敢与担当,这才是切切实实的存在。

有所判断,有所选择,有所承担,不管是对于成人还是对于孩子来说,世界就会清爽和明朗,能量就不会黏滞。

这种担当,这种清爽和明朗,在这样一个拥有海量信息的时代,在这样一个急躁而骚动的时代,尤为重要。我们往往患得患失、骑墙观望、举棋不定,这也想要,那也想要,不敢做出任何选择。我们试图寻找一个无比完美而精确的模型使得我们的选择达到最大优化,没有任何缺失,没有任何瑕疵,似乎任何缺失都是极大的遗憾,任何瑕疵对我们的自尊和幸福都是不可挽回的打击,都会让我们捶胸顿足,极度懊悔,都会让我们在深夜的梦中突然惊醒而自责忏悔。

要么极度完美,要么彻底毁坏,我们变得似乎接受不了一个折中的、与当下的实际相契合的方式。

人,是有局限的存在。但人一直在局限中不断前进。承认这一点,不管对成人还是对孩子都是一种抚慰和疗愈。

11. 喜悦

我们很少去鼓励孩子品尝生命的盛宴，拥抱生命的喜悦。就好像我们不能欢乐，欢乐是一种罪过；就好像我们不能喜悦，喜悦是一种浅薄。

一

在喜悦这个主题下，其实谈的是性教育。

提到性教育，我们会想到教给孩子关于性方面的一些知识，会想到对于性骚扰或性侵害的防范等。我们现在的性教育固然缺乏防范教育，但更缺乏的是焕发生命活力的教育。我们的生命活力都没有被激发出来，更多的却是在谈被动的防范。防范防备教育谈得过多，而生命活力教育在一定程度上没有受到应有的重视。

当我看到一个孩子木讷、呆板、无神，没有这个年龄该有的神采和活力，我就想，我们的性教育最重要的是教育什么？

我觉得，我们的性教育，首先不该仅仅只是一种防范的、防备的教育，这种技能性的、知识性的教育，固然需要，但不该放在首位，不该一想到性教育就只是这些内容。

性教育，首先应该是一种活力教育，一种对于生活的、生命的喜悦和激情的教育。实际上，包括我们平时常说的生命教育，它的本质也首先应该是一种对于生活的、生命的喜悦和激情的教育。我们不能只是通过我们的嘴巴告诉孩子，要热爱生命、珍惜生命，而是要用我们的实际行动，要用我们自己正在生活着的样子去"告诉"孩子，生命的滋味如此甜美，尽情享受吧！当孩子发自内心地体会、感悟到了生命的美好和甜蜜，他又怎能不热爱和珍惜自己的生命呢！

性教育似乎更加难以启齿，更加难以说出口。性，更加私密、更加隐秘、更加神秘，更加直抵生命的深处、生命的内核、生命的本质，更加袒露我们的内在、我们的欲望。

作为成年人，我们有没有资格去对孩子进行生命教育，进行性教育？当我们在对孩子们的活力、动力，对他们的好奇、尝试和探索进行忽略和压制时，当我们用非常世俗

第2章 父母的爱

的眼光和经验试图去干涉他们、评判他们的时候,我们是没有资格对孩子进行生命教育和性教育的。我们只是告诉他们怎样防范可能带来的伤害,却没有向他们展示怎样活出自己、怎样活出生命。防范和谨慎只是一部分,不能成为全部。而怎样活出自己活出生命这样的课题很多时候反而是孩子在教我们。

当我们说,"孩子,为了避免可能的危险和伤害,请不要散发光芒,请谨小慎微不要去做出格的行为""孩子,为了获得更保险的结果,请听我的话,请遵从我的意志",我们是在让孩子只是保有一个生理上的身体去生活,而生命的动力和性的能量却被压抑了。

我们可不可以说,"孩子,看看我们的眼睛和脸庞,它们可以散发多么迷人的神采和光芒,它们可以流露多少喜悦多少爱意;看看我们的身体,它们多么平凡又多么美好,承载着一颗生动饱满的灵魂,可以爆发无尽的能量。"

我们可不可以说,"孩子,我们每一个人都是独特的,我们每一个人在宇宙中在世界中在生活中都有自己的位置,都有自己无可替代的意义;孩子,你不需要变成什么,不需要变得更好,不需要变得更美、更白、更瘦,你当下的

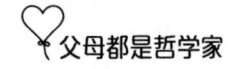

样子就是最好，就是最美。"

当孩子接纳自己，当孩子在爱与自由环境中能勇于展示自己、发出声音、表达想法，当孩子充满着对生活对世界的好奇、喜悦与激情时，这才是生命教育、性教育的首要目的。

一个性感的、充满性魅力的人，在一定程度上等同于一个接纳自我、活出自我、有着生命激情和生命活力的人。当然，那种热衷于涂脂抹粉、搔首弄姿、仅仅沉湎于身体快感的人，并不性感。这样的人恰恰正是性感的反义，浑身透露出深深的空虚和空洞。

在进行性教育中的保护教育与防范教育的同时，也应该首先至少同时进行生命焕彩教育，在让孩子们知道世界有恶意的同时首先需要让孩子们相信善意。

二

性教育，首先是关乎身体的。我们对自己的身体认识吗？了解吗？接纳吗？欣赏吗？珍爱吗？我们有多看轻我们的身体？我们有多不珍爱我们的身体？我们教孩子知识：识字、算数、背书；我们让孩子养成良好习惯：早睡早起、

第2章 父母的爱

文明礼貌、按时完成作业……但，我们很少让孩子认识、接纳、欣赏自己的身体：宝贝，你的眉眼弯弯的，你笑起来真好看……相反，我们默认和默许了社会上流行的"白瘦幼"的审美，为了向这个标准靠近，有多少女孩子节食减肥、扮萝莉扮楚楚可怜扮脆弱无助？又有多少女孩子因为达不到这样的标准而暗自神伤自卑彷徨？

在《心灵奇旅》里，小精灵二十二在生之来处待了几千年，它都没有勇气投身地球开启一趟新旅程开启一个新生命，它一直在寻找生命的火花，寻找生而为人的意义。就算有很多顶级的灵魂导师启发过它，但它还是一直没找到投身地球的理由。阴差阳错中，它被动到了地球，投身于乔伊的身体。在地球上仅仅活了一天，它就感受到了生命的喜悦。这种生命的喜悦，是来自于身体的感受：吃香喷喷的比萨，吹不经意的风，听地铁过道里流浪歌手的歌声，与一片午后阳光下的落叶邂逅，望着天空发呆，学会走路……它甚至觉得，"也许我生命的火花是看着天空发呆吧，或者走路，我觉得我现在很擅长走路"。

看看，我们的身体是有多棒！就像一首儿歌唱的那样："小眼睛看景致儿，小耳朵听好音儿，小鼻子闻香气儿，小嘴巴吃玫瑰儿。"我们的身体与宇宙万物链接，多么奇特，多么美妙！经由我们的身体与世界万物的链接，我们感受到了身体的奇妙，感受到了生命的喜悦，感受到了生而为人的骄傲和值得！

然而，小精灵二十二的生命火花却被乔伊泼了冷水。"那没什么，那只是庸俗的日常，并不是生命的火花。"看，我们是有多看轻我们的身体和身体的感受！承载着我们灵魂的身体常常被视为浅薄的、庸俗的、不重要的。我们的身体为我们带来了整个宇宙的讯息、生命的喜悦、生活的乐趣，我们却没有好好看看它、珍爱它。

我们认为伟大的灵魂更为高尚，抽象的认知更为卓越，宏大的意义更为值得。我们把身体看得很低，低到尘埃里去。我们甚至不敢正视自己的身体，也许我们视身体是一种羞耻，但却从未想到我们的身体多么神秘、奇妙，多么忠诚于我们，多么宠爱我们。这是人的自恋又自卑吧！肉身的存在会让我们觉得平凡、庸俗，和动物一样。或许我们内心深处还无法面对自己原本就平凡普通的真相，还无法面对日复一日、年复一年的琐碎和重复，无法面对我们终有脆弱无力的时刻，无法面对我们频频被生活捉弄被生活打脸的尴尬和挫折。因此我们需要粉饰，需要美化，需要拔高。我们需要一些虚无缥缈的意义和远方加持于身，显得人类的与众不同。如此，人类方可稳居于世。这样说来，人类本质上还是太自卑了。我们根本不自信。我们觉得自己不配单凭一具肉身即可立足于世。我们怀疑，这可以吗？我们还需要成为什么还需要让自己变成什么才值得生存于世？于是，我们去寻找，寻找这样那样的概念，寻找这样那样的意义。结果我们却迷失了自己，迷失于自己制造的概念和意义之网。我们不能再如实看待我们自己，不能如珍宝般对待我们的身体，不能享受来自身体的单纯的愉悦和满足；我们也不能如实地看待别人，总免不了加上这样那样的评判和苛责；我们也不再能如实地看待事物。

好好看看我们的身体，认识我们的身体，珍爱我们的身体，珍爱身体原本的样子，珍爱身体带来的愉悦和满足，感恩身体承载我们的灵魂，也承受身体会带来的尴尬、脆弱和挫折。

三

性教育，也是关乎生命喜悦的：我们身体的愉悦、感官的愉悦，生命欲望、生命动力的喜悦。我们很少去鼓励孩子品尝生命的盛宴，拥抱生命的喜悦。看到孩子在探索在做实验时，我们不会说，"哇，宝贝，你在做实验啊，在把食物混合在一起看看会发生什么呀？真不错呢！"相反我们会说，"浪费！可恶！你做错了！天天倒腾那些没用的！"在《那些年，我们一起追的女孩》里，女生担心男友受伤，认为男友纯粹身体上的格斗毫无意义，非常幼稚，什么也学不到。如此种种，就好像我们不能欢乐，欢乐是一种罪过；就好像我们不能喜悦，喜悦是一种浅薄。

呵护孩子对于生命的喜悦、好奇心和探索欲，呵护他们的生命动力。当他们想要玩耍、试验、探索时，给他们创造条件；当他们快乐兴奋骄傲时，和他们一起欢笑；当他们郁闷沮丧苦恼时，和他们待在一起。让孩子体验到，生命和世界如此美好，天地如此广阔，值得我们畅游其中。生命不是挫折，不是苦难，不是无助，不是拧巴，不是杯盘狼藉，生命是值得我们享受的旅行。

当一个人爱自己爱生命爱世界的时候，他浑身散发的都会是激情，都会是爱。这样一个人，你可以说他是性感的，是有性魅力的。因为这样的人，非常难得，也非常容易招人爱。这种性感、这种性魅力，和传统意义上的颜值、身材、打扮或者年龄无关。而一个人能对自己对世界有这样的激情和爱，有这样的活力和能量，他必然是受到过爱与自由滋养的，他必然是在一个被尊重、信任、回应、看见、包容的环境中成长的，他有着自主的力量，他较少受到规训与压抑。这样的人，实际上也自带气场，能够把心怀不轨者屏蔽在安全范围之外。

性教育，它首先不应该仅仅只是性知识教育和性防范教育。从广义的角度讲，它首先更应该是认识自己、接纳自己的教育，是生命喜悦生命热情教育、是爱的教育、是自主教育。

性教育，应该关注身体教育、快乐教育，以及基于此的接纳、自信、勇敢与爱。当孩子认识、珍爱自己的身体，信任身体信任生命带来的感受和体验，信任自己、信任生命的自发性，他就是自信的，就有勇气将自己投身于生活、投身于世界，就敢于和世界和他人产生链接，爱自己爱他人爱世界。因为这种内在的自信、满足与爱，他既能消耗，也能创造；既能照顾自己，也能考虑他人；既能享受生命的馈赠，也能承担生命的苦痛。

四

很多与性有关的问题，本质上其实是教育的内核问题：人如何真正成为人？人如何正视与协调自己的欲望？人如何激活自己的生命动力？我们对性的遮掩和羞耻，本质上是对欲望的羞耻。而对欲望的羞耻，本质上又是对爱的自卑。我们担心自己的欲望得不到回应，得不到满足，得不到支持。对爱的自卑，根源上是对自己的自卑。当没有那么多自卑时，就敢于去表达感受、表达想法、表达愿望、表达自我了，当这些表达得到接纳得到回应时，就当然不会觉得欲望是错的，是羞耻的了。

教育，让人真正成为人，获得人之为人的尊严和荣耀。

通过教育，人会意识到，原来习以为常的，很可能是错的。一直在做的，并不就是正确的。"三从四德""从一而终"，只不过是一些人套在另一些人身上的枷锁。当人意识到，自己是可以选择的：别人套在自己身上的枷锁，是可以挣脱的；别人给你的标签，你是可以拿掉的。这个时候，人在一定程度上就得到了解放。

通过接受教育，一个孩子能够意识到，父母没有权利因为给孩子提供了必要的衣食住行，就可以辱骂、虐待孩子。当父母这样做的时候，错的是父母，并不是孩子。这时的教育就是启迪人性的。

一切对人性的尊重和解放，就是最好的教育。否则，读再多的书，识再多的字，也还是处于蒙昧状态。

人性的解放和自由，在本质上是个体对自己作为一个人、作为一个独立的个体的重新认识。

第2章 父母的爱

好的教育让孩子意识到，我是独特的个体，我是有价值的，我的价值来自我的生命本身，来自我生命原本的样子，而不在于其他额外的条件，不是因为我成绩好，不是因为我乖巧，不是因为我好看。这种生命本身的价值是不可以用外在的其他条件来估量的，因为生命本身是无价的。个体的生命不应交由其他任何人来评判。

好的教育让孩子认识到，我有独特的潜能。有人力气大，有人头脑好；有人外向，善于交谈，有人内向，善于内观；有人喜欢运动，有人喜欢安静；有人擅长写作，有人擅长绘画……无论你擅长哪一方面，都是上帝的恩宠。人类的多样性和差异性正是进化的基础，没有人能预测到未来会发生什么，哪一种人会起到决定性的作用，每个人的不同正给予了人类进化、社会发展无限的可能和机会。

我们为什么要谈尊重儿童、倾听儿童、看见儿童、回应儿童、支持儿童？我们所做的这些是在用我们的真诚、用我们的言语和行动，告诉儿童，生命是美好的、你是值得的。这一点为什么重要？只有当孩子意识到自己是独特的、自己是有价值的、自己是值得的、自己配得上世间美好的时候，他才是自信的、勇敢的、专注的、幸福的，他才会去发现美好、享受美好、创造美好。我们很难相信，一个体会不到自己价值的孩子、一个不自信的孩子会和美

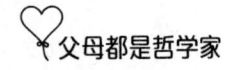

好结缘。

好的教育让孩子享受人生的美好，与世界建立更丰富的链接，发挥创造性，施展潜能和价值。在某年芝加哥大学新生入学典礼上，一位外国学者进行了《大学教育的目的》的主题演讲。他认为，教育并不在于内容，它甚至不在于能力，它是一种心灵的习惯或者思维方式。他说，"教育是指能为事件或者现象赋予越来越复杂深刻和广阔的意义的能力""一个受过教育的人比没受过教育的人在同一个时期能体验更多。通过增加一个经历的意义的密度，你扩展了这个经历。你使得它在同样的时间和空间内更加广阔，更加持久。教育是扩展经历的途径。"同样的世界，不一样的眼光、不一样的经历、不一样的感受、不一样的享受。好的教育能让孩子享受人生的美好，与世界建立更丰富的链接，发挥创造性，施展潜能和价值。

五

性，从最本质的意义上讲，意味着我们生命的活力和动力，意味着我们的身体同时还有我们的灵魂。性教育，远远不只是关于性知识、性防范方面的教育。实际上，性教育是关乎孩子深层的人格成长和生命动力的问题。围绕

第2章 父母的爱

孩子的人格成长和生命动力，又要涉及对我们的社会、我们的文化、我们的父母教师所持观念的反思。

我们在什么样的背景下谈论性教育？如果当社会还在物化女性、物化孩子时，当我们的父母教师还在致力于驯化一个听话、懂事的孩子，依然看不到孩子的感受、听不到孩子的声音，向孩子传递"你的想法、你的需求、你的感受是不重要的""大人都是为你好，乖乖听大人的，否则就没有好下场"的时候，我们的性教育就是缺乏根基的。即使我们给孩子讲授了性教育的知识，那也只是浮于表面的。相反，如果我们夯实了基础教育的根基，在日常生活的点点滴滴中，培育了一个自主自信、有活力有激情、爱自己爱他人爱世界的孩子，我们的性教育、生命教育的绝大部分就完成了。

北京林业大学性与性别研究所所长方刚在其《真正的性教育，应该让女性既能说"不"，也敢说"要"》的演讲中指出，"当我们的性教育是规训的时候，当我们性教育是建构的时候，其实在我看来，那根本不是教育。那是父母和老师规定了一个标准，要让我们的孩子照那个标准去做，我们告诉他们什么可以做，什么不可以做，这是教育吗？这当然不是。这是把我们的价值观我们的选择强加给我们的孩子。而在我看来，好的教育一定是让受教育者自我成长的'赋权型教育'。让受教育者增能。让他具备做出对自己好的行为选择的能力"。他提到，有些机构去学校给孩子们做了关于性侵犯的讲座后，孩子们对"性"的看法大多是负面的，对性的感觉是"恶心""恐惧""不要脸""羞耻"，等等。演讲中还提到，有个自慰的女孩子感觉到羞耻和罪恶，千方百计想戒掉自慰这一不良"恶习"，备受折磨，最后进了精神病院。

我们要让孩子尊重自己的任何感受，这些感受无所谓好的或者不好的。我们不要把人看成是非常圣洁无瑕的白莲花，思想一尘不染，道德完美正确。人是吃五谷杂粮的，也难免有私心杂念。我们有责任让孩子能够区分想法和行为。法律约束的是人的行为。你不能去做违法犯罪的事，但是你在自己的头脑里怎么想是你的事。允许孩子有自己的秘密，如果孩子信任我们，向我们说了心里话，也要为孩子保守秘密。我们会心动，会有欲望，这不羞耻，这是好事。等我们都老了，等我们没有想法了，才是要伤心的。

性的本质其实是关系。性，首先是一个人和自己的关系。接纳自己、面对自己，是自己的生命活力生命动力的激发，是面对自己的身体、灵魂和欲望。性，也是处理自己和他人的关系。如何与别人建立关系？如何与异性建

第2章 父母的爱

立关系？自己和他人是需要有边界的。尊重自己的任何感受，在自己的地盘里，自己怎么想怎么做都是自己的事。同时，也要尊重别人的任何感受。自己为自己的感受负责，别人为别人的感受负责。比如，当喜欢异性的时候，我们该如何去看待和处理这份喜欢？也许，这份喜欢慢慢地就淡了，也许这份喜欢慢慢地就转化成普通的友情，也许这份喜欢太过浓烈，你需要去表达出来。但是，我们表达了，这是我们的事，别人是否接受，别人是怎样的反应则是别人的事，我们不能决定别人的反应和选择。别人的反应也不是对我们的否定，我们依然拥有稳定的内核继续前进。

12. 乐趣

听到来自内心或外部的"应该"如何如何将做事的全部乐趣都抹杀了。

——马歇尔·卢森堡

一

为什么成人一直听不见、看不见孩子？为什么孩子兴奋的、快乐的、骄傲的或者低落的、沮丧的、伤心的心情，大人看不到？为什么那个想要画画的孩子，她爸爸说，你给我画个 100 分？

这是因为，成人们已然丧失了乐趣。

孩子首先拥有的智慧是什么？是感觉、审美和乐趣。
审美和趣味就是生命力，是个体链接世界最重要的通道。

第2章 父母的爱

英国作家王尔德说，把人分成对的和错的是荒谬的，人要么是迷人要么是乏味。

养那些花有什么用？不能吃不能喝；看电影有什么用？乱花钱；那些动画、那些小说有什么好看的，还不赶紧看书学习去？

孩子就像天生的贵族、纯粹的艺术家，他们被世界所吸引，发现世界的美，感知世界的趣味，他们由衷地感叹："好美啊""真好玩"！他们可以为着一点点小事哈哈大笑；他们有着奇思妙想……然而，心事重重的成人却难以提起兴致，他们似乎觉得孩子的行为举动没有什么意义。成人看重有意义，孩子喜欢有意思。

不论是成人还是儿童，真正滋养我们身心、真正能让我们快乐的，就在于我们能够真正地对世间万物感到好奇、产生兴趣。我们只是纯粹地被吸引，我们没有额外目的地对一件事感兴趣，愿意去探索，愿意去钻研，愿意去投入，愿闻其详，愿付真心。这种乐趣、这种意愿，是天赋本能，生而有之，是我们内心最大的动力，是我们最为珍贵的源泉。这是一种对于世界和人类至臻至纯的爱，是对世界和人类至深至厚的情。人之所以为人，就是因为这样的爱与深情。一个人，不论他身处什么样的困境，不论他流落在什么样的低谷，只要他依然对世界怀有爱与深情，那他依然是勇士，依然是少年，依然是迎风而立的英雄。

二

爱，在一个人成长的过程中很重要。爱的重要性怎么强调都不为过。

在一个人刚刚出生的时候，他就需要爸爸妈妈的爱。试想，一个小小的婴儿，手无缚鸡之力，他不会说话，不会动，甚至不会翻身。他所有的吃、喝、排泄，都需要外界的帮助。这时，婴儿的爸爸妈妈或者其他的监护人，非常耐心地照顾着这个小婴儿，给他喂奶，哄他睡觉，帮他处理排泄物，逗他玩乐。这个过程中，爸爸妈妈付出了爱。爸爸妈妈不仅喂养了一个小小的人儿，更重要的是，在这个过程中，小婴儿也感受到了爸爸妈妈的爱，感受到了世界的善意和温暖。我想从这个时候起，爱已经留在了孩子的心里了。

因为爱，所以爱。等孩子长大了，他带着在生命的最初感受到的这份爱，开始学会爱这个世界。他爱爸爸，爱

第2章 父母的爱

妈妈,爱天空,爱大海,爱老师,爱朋友,爱恋人。因为爱,所以爱。爱,生生不息。爱,是生命最大的动力,或者可以说是生命的本质。

这种最初的爱,是一种全然的呵护和宠爱。是一种纯粹而无功利的算计。婴儿发出声音,父母全然地给予满足。婴儿由此感知了世界的善意,知晓了自己的珍贵,他爱自己,他敢于发出自己的声音,也勇于去爱这个世界。

这种爱,弥足珍贵。

蒙台梭利指出,孩子有一种与成人完全不同的心灵形态。

成人"用自己的理智获得知识,而儿童是用他的精神生命在吸收知识。……儿童遵循着快乐和爱的途径,无意识地获得了一切"①。"如果我们说成人的心灵是有意识的心灵,那么孩子的心灵就是无意识的心灵。……儿童能以一种敏感和热情的方式去观察他环境中的那些特征……正因为儿童爱他的环境,而不是对它漠不关心,所以,儿童的智慧可以看到成人视而不见的东西。"②

---

① [意]玛利亚·蒙台梭利:《有吸收力的心灵》,方补课译,上海人民出版社 2019 年版,第 27—28 页。

② [意]玛利亚·蒙台梭利:《童年的秘密》,马荣根译,单中惠校,人民教育出版社 2005 年版,第 110 页。

我们成年人做选择的时候，我们选择做什么或者不做什么的时候，会有很多来自外部的评价和衡量。在对影响我们选择的各种因素进行衡量与评估的过程中，我们遵循的是效益最大化原则：是否能够得到最大收益、所花时间和精力与收益是否匹配。成年人倾向于用理智、用头脑，倾向于通过计算与衡量寻求最优化。

但孩子不是这样。孩子没有这些来自外部的考量。他们走向世界，更多的是因为世界呈现了某种未知的神秘，好像在等待着他去探索和发现；他们进入世界，更多的是因为他们看到了成年人看不到的美与秩序，他们只是被事物无以言说的美和内在的价值所吸引。孩子行为的动力，不是外部的利益或好处，孩子的行为更多的是基于天性、本能、直觉，更多的是顺应内心与无意识，更多的是因为爱。孩子，有更多的天然和纯粹。因为这种天然和纯粹，孩子更能比成人专注、好奇、有钻劲，也更能比成人有幸福感。

孩子在小时候会花一个下午的时间看蚂蚁搬家，在这看似虚度的时光里，倾注的是孩子对世界的好奇与关切，是孩子将自身融入世界的纯粹和勇敢。在这场似乎没有对话的注视中,世界以安然与坚韧滋养了孩子,以辽远与从容疗愈了孩子。

长大后,成人步履匆匆,神色慌张。世界在成人眼中失去了安然与宁静,失去了辽远与从容,失去了美与力量。

三

学者约翰在《孩子是如何学习的》一书中指出,"所有真正学习的精神都是爱,而不是思考的窍门和技术。孩子热爱这个世界,这就是他们为什么那么擅长了解世界的原因"[①]。这种爱,让孩子专注、投入在外界的事物上。除了爱,可能没有别的动力能让幼儿如此专注、投入,感受到幸福愉悦。

我们往往低估了热爱的意义,而高估了努力的作用。努力当然是一种很好的品质,但努力应该是基于热爱之上的。没有热爱,没有喜欢,没有心动,所谓努力就是茫然的,迷茫而没有方向。

---

① [美]约翰·霍特:《孩子是如何学习的》,张雪兰译,北京联合出版公司2016年版,第232页。

喜欢、热爱、热情、乐趣是如此重要,怎样呵护与珍视都不为过。但我们常常忽视了。不仅如此,我们还常常扼杀热爱。扼杀的工具通常是功利和算计:这个有没有好处?那个有没有利益?算来算去,把生命中纯粹的、不可言说的、心动的时刻和美好的事物都抹去了,只留下一堆看起来很重要但却与我们毫无联系的东西。我们的自我在这种扼杀与抹去中慢慢地荒芜与失去,我们变成了精神上流浪的没有根的人。

不论作为教师还是作为家长,我们都要珍视孩子的这种爱——这种对于世界的深情与热爱。经由幼儿的深情与热爱,我们发现幼儿身上独一无二的天赋,激发幼儿内在的探索与创造的动力。

《3-6岁儿童学习与发展指南》指出:"重视幼儿的学习品质。幼儿在活动过程中表现出的积极态度和良好行为倾向是终身学习与发展所必需的宝贵品质。要充分尊重和保护幼儿的好奇心和学习兴趣,帮助幼儿逐步养成积极主动、认真专注、不怕困难、敢于探究和尝试、乐于想象和创造等良好学习品质。忽视幼儿学习品质培养,单纯追求知识技能学习的做法是短视而有害的。"

在诸多优良学习品质当中,最重要的就是幼儿的好奇心和学习兴趣,就是幼儿对于环境、对于世界的热爱和热情。有了这份爱,这份好奇,这份兴趣,幼儿自然能够积极主动、认真专注、不怕困难,自然能够去探究尝试,去想象去创造,去享受学习带来的乐趣和精神滋养。数学家丘成桐这样说:"童年的教育对一个孩子的影响是重要的,启蒙教育是不可替代的,它往往奠定一生事业的基础。对孩子们来说,学到多少知识并不是最重要的。兴趣的培养,才是决定其终身事业的关键。我小学的成绩并不理想,但我父亲培养了我学习的兴趣,成为我一生中永不枯竭的动力,可以学任何想学的东西。"

《幼儿园教育指导纲要》(试行)科学领域的首要目标之一就是,"对周围的事物、现象感兴趣,有好奇心和求知欲"。因此,作为一名教师或者家长,当你发现孩子对什么感兴趣的时候,当你发现他提出很多问题的时候,当你发现他充满探求的渴望的时候,一定不要无视、不要忽略、不要敷衍、不要打击。请一定要郑重对待,即使你还无法理解或者无法做到回应和支持,也一定要给予赞赏和鼓励。

四

爱,与感觉和审美是分不开的。感觉往往是表达爱最重要的通道。我们会怦然心动,我们会热泪盈眶,我们会欣喜若狂，我们会黯然神伤。不要压抑不要拒绝这样的感觉，给它时间给它空间。

审美也是重要的。美，激发了内心的爱。温和、良善、宽恕、热情之人性美，恢宏大气、岿然不动、辽阔高远之自然美，正是无处不在无时不有的美，让我们心动，让我们激动，让我们付出真心而无怨无悔。

《幼儿园教育指导纲要》（试行）中科学与艺术领域的首要目标都不是知识，而是幼儿的兴趣好奇心的呵护，以及幼儿对环境和世界的喜爱，对环境和世界的美的感知。

美，是对心灵的滋养和启蒙，是对爱的激发和共鸣，美，就是生命本身的目的。美，是最高的知识。就像我们去看大海，去看天上的云卷云舒，去听落雨的声音，这个过程它可能没有现实的看得见的好处，但是这种情感投入的过程，这个动心的过程，它是会滋养身心的，它通过美的、无形的能量的方式给予我们力量。

经由呵护幼儿天生的、内在的对于世界的好奇心与兴趣，尊重和顺应他们的感觉与情感体验，能够自由而勇敢地感知美、表达美、创造美，这可以说是幼儿生命中比知识技能更为重要的因素了。

五

同时，作为成人，作为青少年儿童的引路人，我们也要去发现、去呵护自己身上的那份深情与热爱。我对什么有感觉？我喜欢什么？我爱什么？我在什么地方有热情？我在哪方面能力比较突出？

学者余世存指出："我们这一代人，在做人上面都是成问题的，我们连自己都没有找到立身处世的那种很踏实、很坚固的感觉，所以也很难给孩子提供安全感。"孩子们向大人们学习什么？不只是一些干巴巴的知识，一些讲了很多遍的道理。孩子们更重要的是看大人们如何生活的。大人们是不是对这个世界对生活真正的感兴趣，有没有一些自己喜欢的事情？有没有心无旁骛的、投入地做一些事情？如果有，孩子们也会受到鼓舞，受到感染，他们也会觉得生活与世界美好而值得，他们也会专注而投入。但如果大人们早早失去了兴趣，对生活敷衍了事，没有自己的兴趣爱好，天天就知道盯着孩子，那孩子也就感受不到生活和世界的趣味与生机。

只要父母不过度管控，不情绪失控，不气急败坏，不歇斯底里，不恼羞成怒……只要父母还保有对生活对自己的一丝尊严和体面，孩子就不会走极端。

孩子们很敏感，一旦他们觉察到父母已然没有了对生活和人生的好奇和喜悦，一旦他们觉察到父母已然开始把全部的精力都集中在他们身上，他们就会觉得恐惧和绝望，就会觉得生活和人生再没有趣味和动力。

父母们能做的最好的事，就是保有对生命和生活的好奇、喜悦和乐趣，保有对自身和人生的优雅、尊严和体面。正所谓，你若盛开，一切便都安好。

主要参考文献

［英］阿尔弗雷德·诺思·怀特海：《教育的本质》，刘玥译，北京航空航天大学出版社 2019 年版。

［美］埃里希·弗洛姆：《对自由的恐惧》，许合平，朱士群译，范进校，国际文化出版公司 1988 年版。

［英］伯特兰·罗素：《教育与美好生活》，张鑫毅译，上海人民出版社 2017 年版。

［美］布鲁斯·D.佩里，［美］奥普拉·温弗瑞：《你经历了什么？关于创伤、疗愈和复原力的对话》，李镭译，中信出版集团 2022 年版。

邓康延，梁罗兴等：《盗火者——中国教育革命静悄悄》，新星出版社 2014 年版。

刘晓东：《论教育与天性》，《南京师大学报（社会科学版）》2003 第 4 期。

［法］卢梭：《爱弥儿》（上卷），李平沤译，商务印书馆 1996 年版。

卢家楣：《情感教学心理学》，上海教育出版社 2000 年版。

苗雪红：《儿童精神成长论》，上海三联书店2016年版。

［德］马丁·布伯：《我与你》，陈维纲译，商务印书馆2015年版。

［意］玛利亚·蒙台梭利：《童年的秘密》，马荣根译，单中惠校，人民教育出版社2005年版。

［意］玛利亚·蒙台梭利：《童年的秘密》，霍力岩，李敏谊译，中国人民大学出版社2008年版。

［意］玛利亚·蒙台梭利：《有吸收力的心灵》，方补课译，上海人民出版社2019年版。

［美］马斯洛等：《人的潜能和价值》，林芳主编，华夏出版社1987年版。

［英］唐纳德·W.温尼科特：《妈妈的心灵课——孩子、家庭与外面的世界》，赵悦译，南方出版社2011年版。

［美］乔治·桑塔亚那：《人性与价值——桑塔亚那随笔精选》，乐爱国、陈海明译，广东人民出版社2003年版。

［美］斯蒂芬·A.米切尔，［美］马格丽特·J.布莱克：《弗洛伊德及其后继者》，陈祉妍，黄峥，沈东郁译，商务印书馆2013年版。

武志红：《拥有一个你说了算的人生》，民主与建设出版社2019年版。

徐钧：《心理咨询师的部落传说》，中国致公出版社2018年版。

［美］约翰·杜威：《思维的本质》，孟宪承，俞庆棠译，台海出版社2018年版。

虞永平：《论儿童观》，《学前教育研究》1995年第3期。